JACQUES OFFENBACH

ORPHEUS IN DER UNTERWELT

Buffo-Oper
in zwei Aufzügen und vier Bildern von
Hector Cremieux

Vollständiges Buch

Nach der deutschen Bearbeitung von Ludwig Kalisch textlich revidiert herausgegeben und eingeleitet von
Wilhelm Zentner

PHILIPP RECLAM JUN. STUTTGART

Universal-Bibliothek Nr. 6639
 Gesamtherstellung: Reclam, Ditzingen.
Printed in Germany 1985
ISBN 3-15-006639-5

EINLEITUNG

Der 21. Oktober 1858 ist nicht nur in Offenbachs Lebensgeschichte, sondern auch in der Entwicklung der Operette ein bedeutsames Datum. An diesem Tage gelangte nämlich in den Bouffes Parisiens *Orphée aux enfers* (Orpheus in der Unterwelt), ein in mancherlei Beziehung bemerkenswertes Stück, zur Uraufführung. Sein Schöpfer, Jacques Offenbach, als Sohn eines jüdischen Kantors am 20. Juni 1819 in Köln geboren, auf dem Pariser Konservatorium zum Musiker herangebildet, ursprünglich Cellist im Orchester der Opéra comique, danach Leiter der Schauspielmusik in der *Comédie française,* war bisher lediglich mit einaktigen heiteren Opern, die sich allerdings rasch die Liebe der Pariser und das Interesse Europas erworben hatten, hervorgetreten. Er hatte diese theatralischen Kleinformen für sein 1855 ins Leben gerufenes Theaterchen auf den Champs Elysées, das bald in die Passage Choiseul übersiedelte, geschaffen und mit ihnen aus der Not eine Tugend gemacht, da seine Konzession, argwöhnisch verfolgt von den übrigen Pariser Operninstituten, ihm nur wenige singende Schauspieler, ein Miniaturorchester sowie den Einakter gestattete. Immerhin erreichte Offenbach, daß er sich mit dieser Bühne im Handumdrehen den Namen eines *Mozart der Boulevards* errang.

Orpheus in der Unterwelt leitete insofern eine neue Epoche ein, als der Komponist mit ihm vom Einakter zum mehraktigen, abendfüllenden Werke überging. Äußere Gründe haben dabei mitgespielt. Denn trotz aller künstlerischen Erfolge war die finanzielle Lage der Bouffes Parisiens, zumal ihr Leiter ein schlechter Geschäftsmann war, nicht gerade rosig. Im Sommer 1858 häuften sich die Sorgen und die Gläubiger. Die Erweiterung des Privilegs und ein die Fessel der Einaktigkeit sprengendes Stück größeren personellen, musikalischen und szenischen Aufgebots sollte den schwanken Grund, auf den Offenbachs Unternehmen geraten war, wieder festigen. So entstand in kurzer Frist der

Orpheus. Das Zeichen, unter welchem er seinen Siegeszug durch die Welt antrat, war die Narrenpritsche der Parodie. Vermutlich hatte der junge Offenbach schon im Treiben des Kölner Karnevals ihren launigen Schlag verspürt und Gefallen daran gefunden.

An sich war die Parodie auf der Musikbühne nichts grundsätzlich Neues. Seit den Tagen der Renaissance kannte man Travestierungen antiker Stoffe. Man begegnete ihnen auf dem italienischen und französischen Theater bis zur Jahrmarktsbude herab. Mit einer gewissen Vorliebe wurden diese Parodien vom Wiener Volkstheater aufgenommen. Bereits Kurz-Bernadon, der klassische Hanswurstdarsteller, schrieb um 1740 eine *Zaubertrommel des Orpheus* und spielte in einer Opernparodie *Orpheus und Eurydice* von Joseph Weidmann die männliche Titelrolle. Gegen Ende des 18. Jahrhunderts häuften sich diese Travestien, um in Karl Meisls *mythologischen Karikaturen* einen Höhepunkt zu erklimmen. Im Jahre 1815 brachte dieser die Parodie *Orpheus und Eurydice oder So geht es im Olymp zu!* mit der Musik Ferdinand Kauers auf die Bühne. Der gesellschaftskritische Ton war schon hier unüberhörbar. Aus Meisls Schule stammte auch eine weitere Orpheusparodie von Franz Xaver Told *Der Harfenist und der Violinspieler oder Orpheus und Eurydicens Leiden ober und unter der Erde,* die 1831 über die Wiener Volksbühne ging.

Es ist kaum anzunehmen, daß Offenbach und seine Mitarbeiter genauere Kenntnis von diesen Vorgängen auf dem Wiener Vorstadttheater gehabt haben. Dagegen könnte ihnen eine Anregung aus der Kölner Karnevalsliteratur, die übrigens mit der Wiener Tradition in Verbindung stand, zugeflogen sein. Der Kölner Lokaldichter Karl Cramer soll etwa 1855 dem ihm befreundeten Offenbach eine Karnevalsposse mythologischen Inhalts zur Komposition angeboten haben. 1856 taucht tatsächlich der Plan eines Orpheus-Einakters für die Bouffes Parisiens auf, dessen Handlung durch die vier obligaten Darsteller in den Rollen des Jupiter, Pluto, der Eurydice und der Proserpina bestritten werden sollte. Indessen die dafür in Aussicht genommenen Textdichter widerrieten; offenbar erschien ihnen dieser Olymp personell gar zu bescheiden besetzt. Nachdem die Vier-Personen-Klausel gefallen war, kam vermutlich Offenbach selbst auf das Sujet zurück. Als Textdichter gewann er Hector Crémieux (1828–1892), der bereits im Falle des 1856 uraufgeführten Einakters *Le savetier et le financier* (Der Schuhflicker und der Millionär) mit dem Komponisten erfolgreich zusammengearbeitet hatte. Daneben scheint allerdings Ludovic Halévy (1834–1908) stille Mitarbeit geleistet zu haben, vor allem bei den Gesangstexten, da Crémieux die Verse nicht ebenso mühelos aus der Feder flossen wie die Prosadialoge. Immerhin ist ein dramaturgisch vortreffliches, klarlinig angelegtes und durchgeführtes Libretto zustande gekommen, das freilich in seiner bezeichnendsten Eigenschaft, dem Pariser Lokalton, unübersetzbar bleibt. Die unmittelbare Beziehung zum Leben war in dem gesellschaftskritischen Moment hergestellt, das der travestierten Götterwelt die pikante Würze, den aktuellen Reiz verlieh. Das tanz- und genußfrohe Paris des Zweiten Empire erblickte im funkelnden Esprit dieses Werkes sein Spiegelbild.

Bei der Uraufführung am 21. Oktober 1858, die nur ein halber Erfolg war, scheint das Publikum den Charakter des *Orpheus in der Unterwelt* nicht erkannt zu haben. Man nahm den Inhalt nicht spaßhaft, vielmehr ernsthaft. Nur das Couplet des Hans Styx „Als ich noch Prinz war in Böotien“ (*Arkadien* hat sich erst in der deutschen Übersetzung eingeschlichen) schlug ein. Sonst hatte man weder Sinn noch Tendenz der Parodie begriffen. Eine Pressepolemik lenkte schließlich die Aufmerksamkeit des Publikums auf das Stück, das fortan besser besucht wurde und schließlich einen Goldstrom in die Kasse leitete, der fürs nächste die Bouffes Parisiens aller geschäftlichen Nöte enthob. Seitdem hat *Orpheus in der Unterwelt* als eines der Standardwerke der heiteren Muse jedem Wechsel der Zeiten und des Geschmacks standgehalten.

Die Musik zu *Orpheus* stellt eine organische Zusammenfassung der verschiedenen, in den vorangehenden

Einaktern erworbenen Stil- und Ausdrucksmittel dar. Eine Ouvertüre hat Offenbach nicht geschrieben. Was heute unter dieser Bezeichnung in Theater und Konzertsaal erklingt, ist eine wirkungsvolle Zusammenstellung der Hauptmelodien im Potpourristil, welche der Kapellmeister des Carltheaters, Karl Binder (1816–1860), für die Wiener Erstaufführung verfertigt hat. Die originale Form des *Orpheus* eröffnet eine Orchesterintroduktion, die zunächst den Hirtengesang des Aristeus, sodann das Göttermenuett des Schlußbildes, zwei ausgesprochen parodistisch gemeinte Stücke, verarbeitet. In dem als Melodram gestalteten Prolog kündet sich die Öffentliche Meinung in einem emphatischen Orchesterpathos an, dessen kanonische Fortspinnung witzigerweise nicht hält, was der Beginn verspricht: viel Lärm um nichts. Der Abgang erfolgt unter Wiederholung der Eingangstakte. Eurydices Lied (Nr. 1) mit seinen charakteristischen Flöten- und Oboenfiguren läßt über das leichtlebig-kokette, doch anmutvolle Wesen der Heldin keinen Zweifel. Ihr Duett mit Orpheus (Nr. 2) ist eine Art Walzerszene, unterbrochen durch ein melodiöses Violinsolo. Vom *Zukunftsmusiker*, zu dem erst die deutsche Bearbeitung von Kalisch den Sänger gestempelt hat, ist hier noch nicht die Rede. Der Hirtengesang des Aristeus (Nr. 3) in seiner leicht ironischen Färbung deutet aufs feinsinnigste an, daß die pastorale Maske, die Pluto hier zur Schau trägt, nur Schein ist. Das Melodram Nr. 3a entlarvt ihn als regelrechten, in diabolischen Triumph ausbrechenden Höllenfürsten. Eurydices Todesgesang ist dem melodischen Geist der französischen Romanze verpflichtet; angesichts des Todes scheint für einen Augenblick echte Empfindung von Eurydices Innerem Besitz zu ergreifen. Um so stärker tritt das burleske Element in dem kurzen Melodram (Nr. 4a) hervor, unter dessen Klängen sie ihre Abschiedsworte an Orpheus' Tür malt. Das Duett der Öffentlichen Meinung mit Orpheus (Nr. 5) beginnt mit einem pathetischen Melodram und läuft in eine marschartige, an die italienische Oper anklingende Stretta aus. Eine längere Orchestereinleitung (Nr. 6) geht dem zweiten Bilde voran. Das folgende Ensemble (Nr. 6a) ist eines der apartesten Stücke der Partitur. Über die leisen Brummstimmen der Tenöre und Bässe wird eine traumhafte Melodie der Soprane hingehaucht und in den Streichern des Orchesters über 60 Takte lang der Ton d, Symbol des alle umfangenden Schlummers, festgehalten. Erst durch die Staccato-Rhythmen des hereintrippelnden Cupido, dessen Liedweise die ebenfalls von einem nächtlichen Abenteuer heimkehrende Venus wiederholt, erfährt die schläfrig-melancholische Stimmung eine Unterbrechung. Jagdhörner verkünden die Ankunft Dianas, die in ihrem Couplet nicht ohne echtes Gefühl um ihren Aktäon klagt. Das Erscheinen Plutos (Nr. 6b) unterstreicht in entsprechenden Orchesterfarben dessen diabolischen Charakter. Die Palastrevolution der Götter findet in einem turbulenten Chor (Nr. 7) ihren Ausdruck. Vielsagend mischt sich, sequenzartig aufsteigend, das Zitat der Marseillaise dreimal ein. Das Spottlied auf Jupiters galante Abenteuer (Nr. 8) bringt eine typische, pikant deklamierende Offenbachmelodie. Ein großangelegtes Finale (Nr. 9) beschließt den 1. Aufzug. Orpheus trägt seine Klage nach der Melodie des „Ach, ich habe sie verloren" aus Glucks *Orpheus und Eurydice* vor, die auch den miteinstimmenden Göttern wohlbekannt scheint. Parodie der großen Oper ist ohne Zweifel auch der Unisono-Aufschrei „Pluto ist's!" sowie der nicht ohne Selbstgefälligkeit auf einen ostinaten Baß sich stützende Urteilsspruch Jupiters. Eine reizende Episode stellt das Quartett der um Mitnahme in die Unterwelt bittenden vier Götter Diana, Venus, Cupido und Mars dar, worauf sich alle zu einem feierlichen Dankgesang an den Göttervater vereinen. Ein echt Offenbachscher Zug, wenn diese Stimmung sich plötzlich in ihr Gegenteil, einen rasenden Cancan, verkehrt.

Das Orchestervorspiel des 2. Aufzuges (Nr. 10) setzt sich aus Plutos höllischer Musik und dem Spottlied auf Jupiter zusammen. Das Couplet des Hans Styx (Nr. 11) gibt durch die in monotoner Leier erst langsam steigende, dann ebenso fallende Melodie eine unnachahmliche Versinnbildlichung der Langeweile und des Gedächtnisschwundes. Die langgezogenen Versschlüsse entlarven Hans Styx als Melancholiker. Offenbach ist in seinem weiteren Schaffen mehrfach noch auf diese Melodie im Sinne eines Erinnerungsmotivs zurückgekommen. Melodisch ebenso ansprechend wie tonmalerisch reizvoll gibt sich das Duett Nr. 12, in dem Jupiter Eurydice als Fliege umsummt, ein Glanzstück der Partitur. Die Schlußszene Nr. 13 kommt noch einmal auf das Styx-Couplet zurück und leitet unmittelbar in das letzte Bild über. Dieses beginnt mit einem höllischen Chor (Nr. 14), einem Trinklied von diabolischem Charakter, dessen Genießerfreude in Eurydices Hymne an Bacchus (Nr. 14a) sich zu dionysischem Rausch steigert. Die nun anschließende Ballszene (Nr. 15) setzt mit einem etwas zopfigen, an die Zeit Ludwigs XIV. gemahnenden Menuett ein, dessen Biederkeit jählings in den *Galop infernal* umschlägt. Dieser Cancan zählt zu den berühmtesten Musikstücken des *Orpheus in der Unterwelt.* In ihm fließt die Musik gewissermaßen in die Kulturgeschichte über. „Diese Orpheusquadrille", meint ein Zeitgenosse, „hat unsere ganze Generation in ihren wahnsinnigen Wirbelsturm gerissen. Scheint es uns nicht, als ob bei den ersten Tönen dieses rasenden Orchesters eine ganze Gesellschaft sich mit einem Ruck aufraffen und in den Tanz stürzen würde? Diese Musik kann Tote auferwecken." Über das Violinsolo des Orpheus (Nr. 15a), der wieder die Glucksche Arienmelodie anstimmt, geht es nunmehr dem Finale (Nr. 16) zu. Das Orchester malt die auf den Wogen des Styx heranschaukelnde Barke. Gewichtig meldet sich zunächst die Öffentliche Meinung mit dem für sie kennzeichnenden Maestoso zu Wort. Der Marsch des Orpheus und der Eurydice zur Oberwelt hebt an, vom Chor mit Spannung verfolgt. Jupiters Blitz weckt allgemeinen Aufschrei. Die nunmehr zur Bacchantin gewordene Eurydice wählt zum Schlußgesang abermals die Bacchushymne, diesmal aber auf die Melodie des Göttercancans, der das Werk in einem allgemeinen Taumel enden läßt.

Die Kunstmittel, mit denen der Musiker Offenbach seinen Triumph erringt, heißen in erster Linie Melodie und Rhythmus. In beiden Fällen sprudelt der Quell einer nahezu unversieglichen Eingebungsfülle. Die meist geradtaktigen Offenbachschen Melodien bewegen sich in der Regel im Umfang einer Oktave und in verhältnismäßig einfachen Intervallschritten, was ihnen ihre Natürlichkeit zugleich mit einer bis zur Eleganz geschliffenen Klarlinigkeit und Durchsichtigkeit verleiht. Innerhalb der verhältnismäßig eng gesteckten Grenzen fällt eine verblüffende Variabilität des Ausdrucks auf, der stets das Charakteristische zu treffen und geistvoll zu individualisieren imstande ist. In diesem Zusammenhang muß auf Offenbachs vorbildliche Sprachbehandlung hingewiesen werden. Die Feinheiten seiner schmiegsamen Diktion können allerdings nur im französischen Originaltext ausgekostet werden, denn die Übersetzungen lassen oft den richtigen Nerv für die Untrennbarkeit von Wort und Ton vermissen. Am unmittelbarsten kommt diese Einheit in der Grundform der Offenbachschen Operette, im Couplet, zur Geltung. Kaum minder stark als der melodische und deklamatorische ist auch der dem Geist des Tanzes entstammende rhythmische Zauber der Offenbachschen Tonsprache. Vielleicht entfaltet der Meister auf diesem Gebiete sogar seine größte Originalität. Denn hier ist er in noch höherem Maße als im Melodischen *Erfinder* gewesen. Mit Recht sagt der Offenbachbiograph Paul Bekker: „Die Plastik der Offenbachschen Rhythmen übertrifft die Leistungen aller seiner Vorgänger, sie ist es, die ihn zum Meister der musikalischen Satire erhebt. Der Witz des Offenbachschen Rhythmus ist etwas ebenso Unnachahmliches wie das Pathos Beethovens oder die verträumte Romantik Schumanns. Er bildet den Wesenskern des Künstlers.“ Harmonische Originalität hat der Komponist weniger erstrebt, doch dürften seine verhältnismäßig einfachen, nur hin und wieder der harmonischen *Würze* sich bedienenden Modulationen aus der künstlerischen Absicht, allgemeinverständlich und eingängig zu wirken, zu erklären und zu rechtfertigen sein.

Obwohl das Uraufführungsdatum des *Orpheus in der Unterwelt* gemeinhin als der Geburtstag einer neuen Gattung, der Operette, gilt, hat Offenbach selbst diese

Bezeichnung vermieden. Nennt er sein Werk doch, wie übrigens sämtliche ähnlichen Charakters, eine Opéra bouffe. Offenbach fühlte sich, wie er oft und mit Nachdruck betont hat, als legitimer Nachfolger der italienischen Opera buffa sowie der französischen Opéra comique. Letztere entsprach jedoch in ihrem damaligen Zustand keineswegs seinen künstlerischen und stilistischen Anschauungen. Für die komische Oper sah er ein heiteres Sujet, komische Verwicklungen und humoristische Situationen als unerläßlich an und empfand es als eine Trübung ihres reinen Stils, daß sich im Laufe der Zeiten in steigendem Maße wesensfremde Elemente in Gestalt romantischer und empfindsamer Zutaten eingeschlichen hatten. Was er erstrebte, war die Wiederherstellung der *alten französischen Heiterkeit* in einem ausschließlich dieser gewidmeten Genre. So wenig Offenbach die Stilmittel der komischen Oper verschmähte, so sehr lehnte er jenen Mischgeist ab, der sie damals verwässerte. Die größte Gefahr für sein Genre erblickte der kluge Meister in der Sentimentalität. Leider hat die spätere, an Offenbach anknüpfende Operette, vorab Wiener Prägung, diese Mahnung nicht immer beherzigt.

Orpheus in der Unterwelt eroberte sich rasch die Welt. In Deutschland spielte man ihn schon ein Jahr nach seiner Uraufführung in Breslau, den richtigen Boden fand er jedoch erst in Berlin und Wien. Vor allem an der Donau ward ihm ein jubelnder Empfang, weil der hier gepflegte Geist schon längst auf dem Wiener Volkstheater zuhause war. Vorzügliche Darsteller, seit Generationen mit der mythologischen Karikatur vertraut, standen hier zu Gebote. In der Wiener Premiere im Carltheater spielte Johann Nestroy seinen berühmten Jupiter, den er im Gegensatz zur französischen Auffassung des ewig lächelnden und lüsternen Göttervaters auf die eigenen charakterkomischen Maße des Polterers und Raunzers zuschnitt. An der Gestaltung des Prosadialogs dürfte er wesentlich beteiligt gewesen sein, indem er ihn *verwienerte*. Das noch vorhandene Bühnenmanuskript ist bisher jedoch ungedruckt geblieben.

Die Gestalt, in der der Offenbachsche *Orpheus* im allgemeinen auf der deutschen Bühne erschien, wurde ihm von Ludwig Kalisch (1814—1882) gegeben. In Lissa geboren, studierte Kalisch auf den Universitäten Heidelberg, München und Gießen, ließ sich 1843 als humoristisch-satirischer Schriftsteller in Mainz nieder, gab dort eine Karnevalszeitung heraus und ging unter dem Druck der politischen Ereignisse von 1849 ins Ausland. Während ihn London nur kurze Zeit festhielt, fesselte ihn Paris desto nachhaltiger. Dort ist er auch gestorben und begraben. Seine Verdeutschung des *Orpheus in der Unterwelt* ist allerdings mehr Überarbeitung als Übersetzung, teilt jedoch viele Vorzüge des Originals, sie kann im allgemeinen als gelungen und wirksam bezeichnet werden.

Offenbach hat der Urform des *Orpheus* von 1858 fünfzehn Jahre später, nachdem er 1873 die Direktion des Théâtre de la gaité übernommen hatte, eine zweite Gestalt gegeben, für die die Größenverhältnisse des neuen Hauses bestimmend waren. An die Stelle des kleinen, kammermusikalisch besetzten Orchesters trat nunmehr ein großer Apparat, dementsprechend wurden auch Chor und Ballett vermehrt, neue Dialoge und Musiknummern eingefügt und aus der ursprünglichen Opéra bouffe mit ihrer leichtgeflügelten Anmut ein üppiges Ausstattungsstück gemacht. Die Umarbeitung brachte keine Steigerung des Eindrucks, sondern nur eine spürbare Veräußerlichung, so daß aus Gründen der stilistischen Einheit und Reinheit die Urfassung unter allen Umständen vorzuziehen ist.

Die hier vorliegende Textausgabe stützt sich auf Kalischs bewährte und noch immer brauchbare Arbeit, hat jedoch an mehreren Stellen des Dialogs wie der Gesangstexte jene Retuschen, kleinen Ausbesserungen und Ergänzungen angebracht, wie sie im Wandel der Zeiten und des Geschmacks unabdingbar sind. Als Ganzes umweht *Orpheus in der Unterwelt*, insbesondere seinen musikalischen Bestand, jene lebendige Frische und Jugend, wie sie nur dem Meisterwerk eigen sein können.

Wilhelm Zentner

REIHENFOLGE DER MUSIKNUMMERN

ERSTER AUFZUG

1. Bild. Der Tod der Eurydice

Introduktion und Melodram. Wer ich bin?
Nr. 1. *Couplet.* Ein Weib, das Lieb und Sehnsucht plagen
Nr. 2. *Duett.* So ist's gemeint?
Nr. 3. *Hirtengesang.* Hört – Aristeus bin ich
Nr. 3 a. *Melodram.* Endlich! O weh!
Nr. 4. *Couplet.* Der Tod will mir als Freund erscheinen
Nr. 4 a. *Melodram.* Da ist eine Feder
Nr. 5. *Melodram.* Zurück! Weh, die Öffentliche Meinung
Duett. Komm, folg der Ehre

2. Bild. Der Olymp

Nr. 6. *Entr'acte*
Nr. 6 a. *Ensemble und Chor.* O Seligkeit, im Schlaf zu liegen!
Couplet. Wenn ich den grünen Wald durchjage
Nr. 6 b. *Auftritt Plutos und der Furien.* Heil dem allgewaltigen Beherrscher
Nr. 7. *Chor.* Zum Kampf, ihr Götter, kommt herbei!
Nr. 8. *Couplet.* Um einst Alkmenen zu betören
Nr. 9. *Finale.* Sieh, er kommt, sich zu beklagen

ZWEITER AUFZUG

3. Bild. Ein Prinz von Arkadien

Nr. 10. *Entr'acte*
Nr. 11. *Couplet.* Als ich einst Prinz war von Arkadien
Nr. 12. *Duett.* Ich glaubte hier etwas zu fühlen
Nr. 13. *Schlußszene.* O sag, du goldgeflügelt Wesen

Bild 4. Die Hölle

Nr. 14. *Höllischer Chor.* Gott Pluto lebe hoch
Nr. 14 a. *Hymne an Bacchus.* Ich sah Gott Bacchus einst
Nr. 15. *Menuett, höllischer Galopp und Chor.* Weil mein Schritt so leicht
Nr. 15 a. *Violinsolo.* (Die Situation wird erhaben)
Nr. 16. *Finale.* Du darfst den Blick nicht rückwärts lenken

PERSONEN

Jupiter
Juno
Mars
Minerva
Diana
Venus
Cupido
Merkur
Pluto }
Aristeus }
Hans Styx
Orpheus
Eurydice
Morpheus
Hebe
Bacchus
Die Öffentliche Meinung
Götter, Göttinnen usw.

Uraufführung in Paris, 21. Oktober 1858

Deutsche Erstaufführung in Breslau, 17. November 1859

ORCHESTER-INTRODUKTION

ERSTER AUFZUG

ERSTES BILD

Der Tod der Eurydice

Gefilde in der Umgegend von Theben

Im Hintergrund ein Getreidefeld. Links die Hütte des Aristeus, mit der Inschrift über der Tür: „Aristeus, Honigfabrikant en gros und en détail. Depot im Berge Hymettus." Rechts die Hütte des Orpheus mit der Inschrift: „Orpheus, Direktor des Konservatoriums zu Theben; erteilt Musikunterricht."

PROLOG

Melodram

Die Öffentliche Meinung *(vor dem Vorhang).*

Wer bin ich? – Den Chor der Alten
Ersetze ich mit viel Geschick.
Ich bin die Öffentliche Meinung;
Symbolisch nur in der Erscheinung,
Üb ich mit Strenge die Kritik.
Der Chor, der einst erscheinen mußte,
Er legte nur im Drama dar,
Was jeder schon im voraus wußte,
Wenn er nicht zu vernagelt war.
Ich tu noch mehr: Mit den Akteuren
Bin auf der Bühne ich zuhaus
Und teile laut, um zu belehren,
Bald Beifall, bald Mißfallen aus.
Die Gattin mag vor mir erbeben,
Die in der Treue nicht gestählt;

Doch auch der Gatte, der im Leben
Bisweilen Seitenpfade wählt.
Ich spreche nur zu den Personen
Des Stücks – die andern muß ich schonen.
Da kommt Eurydice; – ich gehe,
Doch plötzlich bin ich wieder da,
Wenn ich was Tadelnswertes sehe,
Wie ein Deus ex machina. *(Sie geht ab.)*

ERSTER AUFTRITT

Nr. 1. Couplet

Eurydice *(pflückt Blumen und windet eine Girlande daraus).* Ein Weib, das Lieb und Sehnsucht plagen,
Erquickt der Schlummer nicht.
Sie muß dem weichen Pfühl entsagen
Beim ersten Morgenlicht.
O, wie blühn vor ihren Blicken
Die Blumen dann so schön,
Spenden duftendes Entzücken.
Wißt ihr wohl, für wen?
Sagt nur davon nichts meinem Mann!
's ist für den Schäfer nebenan!
(Sie nähert sich voll Unruhe der Hütte des Aristeus und hängt die Girlande an seine Tür.)
Tagtäglich schleich ich her und pflücke
Die schönsten Blüten mir,
Gar zart verschling ich sie und schmücke
Damit des Schäfers Tür.
Ach, voll Neugier, Angst und Zagen,
Ob er die Zier wird sehn,
Fühl ich dann das Herz mir schlagen –
Wißt ihr wohl, für wen?
Sagt nur davon nichts meinem Mann!
's ist für den Schäfer nebenan!
(Sie öffnet vorsichtig die Hüttentür und blickt einen Augenblick hinein. Währenddessen erscheint Orpheus, mit der Violine in der Hand.)

ZWEITER AUFTRITT

Eurydice. Orpheus.

Eurydice. Er ist ausgegangen. – Ich will ihm eine kleine Überraschung bereiten. Bei seiner Rückkehr soll sein Fuß auf Lavendel, Myrt' und Thymian wandeln. *(Sie nimmt die Blumen, die sie in ihrem Kleide hält, und wirft sie vor der Hütte hin.)*

Orpheus. Was seh ich? – Ist das nicht Chloe, die Nymphe mit den schmachtenden Vergißmeinnichtaugen, mit einem Purpurmund, mit dem Schwanenhals, mit dem Alabasternacken, mit den Perlenzähnen? Ist sie's nicht, die Nymphe meines Herzens? – Und allein! – Ich will ihre Lieblingsmelodie spielen, damit sie aufs angenehmste von meiner Gegenwart überrascht wird. *(Er spielt eine leidenschaftliche Melodie auf der Violine.)*

Eurydice. Himmel, mein Mann!

Orpheus. Hölle, mein Weib! *(Für sich.)* Ich muß zur Offensive schreiten, bevor sie mir selbst den Krieg erklärt. *(Laut.)* Ha! Bist du endlich entlarvt? Wem warfst du diese Blüten zu?

Eurydice. Dem Zephyr!

Orpheus. Windmacherin!

Eurydice. Und wem galten die feurigen Seufzer deiner Geige?

Orpheus. Den kühlen Wellen einer lauteren Quelle...

Eurydice. In der die Nymphe Chloe wohnt! Doch, wozu viel Worte? Du liebst eine andere als mich, ich liebe einen anderen als dich. Geh du deiner Wege und laß mich die meinen gehen!

Orpheus. Zeus, welch emanzipierte Grundsätze!

Eurydice. Es muß endlich heraus! Orpheus, du langweilst mich. Als ich die Deine ward, glaubte ich, einen Künstler zu heiraten, der fähig wäre, die zarten Saiten meines Herzens zu süßer Harmonie zu stimmen. Aber wie hab ich mich getäuscht! Du bist nur eine ganz gewöhnliche Geigernatur!

Orpheus. Weib, dein Urteil ist bitter.

Eurydice. Wie das Los, das du mir bereitet hast. –

Doch genug! Ich sage mich los von dir. Ich bin aus angesehener Familie. Mein Vater war ein respektabler Halbgott; meine Mutter war eine geistreiche Nymphe, und ich sehe gar nicht ein, wozu ein Weib wie ich sein Leben in dem trostlosesten Joche verseufzen soll.

Orpheus. Solche Ansichten gehen zu weit.

Eurydice. Der Weg, der mich von dir führt, wird mir nie zu weit erscheinen. Außerdem sollst du wissen: ich liebe Aristeus.

Orpheus. Den Honighändler! Er wird dir ein süßes Dasein bereiten. Hahaha!

Eurydice. Dein Witz duftet nach Kolophonium. – Kurz und gut, Aristeus hat mein Herz und du hast – meine Verachtung.

Nr. 2. Duett

Orpheus. So ist's gemeint?
Eurydice. Ja, ja, mein Freund!
Orpheus. Mir als Gatten bist du so feind?
Eurydice. Ja, ja, mein Freund!
Orpheus. Und hassest mich auch als Artisten?
Eurydice. Ja, ja, mein Freund!
Orpheus. Du liebest nicht den Violinisten?
Eurydice. Nein, nein, mein Freund!
Zuwider ist mir der Violinist;
Das verwünschte Spiel
Ward mir längst zu viel,
Denn weder Rast noch Ruhe gönnt
Mir das fatale Instrument.
Orpheus. Du wagst es, so zu sprechen?
Dafür werd ich mich rächen!
Eurydice. Aber wie? Aber wie?
Kann ich es erfahren?
Orpheus. Zur Strafe sollst du hören
Mein neuestes Konzert.
Es ist, das kann ich schwören,
Von unschätzbarem Wert!
Eurydice. Gnade, Gnade! O schone mein!
Orpheus. Nein, nein, so muß es sein!

Ich schrieb es in E-Dur;
Es währt zwei Stunden nur.

Eurydice. Wie, gar zwei Stunden! Wer hält das aus?

Orpheus. Beiläufig, ja! Ein wahrer Ohrenschmaus!

Eurydice. Ich höre dir nicht zu!

Orpheus. Ich laß dir keine Ruh.

(Orpheus spielt auf der Violine; Eurydice hält sich voll Verzweiflung die Ohren zu.)

Eurydice. Das klingt abscheulich
Und ganz entsetzlich!
Welch tolles Spiel!
Es ist zu viel! Ach!

Orpheus. Das klingt erfreulich,
Und höchst ergötzlich!
Welch reizend Spiel!
Und welch Gefühl! Ha!

Eurydice. Oh welch ein Graus!
Ich halt's nicht aus! Ach!

Orpheus. Die Melodie
Schuf mein Genie!
Höre nur noch dieses Motiv,
Sanft und weich und klassisch tief!

Eurydice. Soll die Qual noch länger währen?

Orpheus. Ja, du mußt es noch hören!

Eurydice. Nein, nein, nein, o wie greulich und abscheulich!

Orpheus. Dieses glissando,
Und dies legato,
Nun pizzicato,
Accellerando,
Ritardando,
Presto, presto,
Animato,
Agitato!

Eurydice. Ach!

(Orpheus spielt fort.)

Vor Verdruß möcht ich vergehen,
Nein, ich hör es nun nicht länger an!
Hör, o Venus, hör mein Flehen,
Befreie mich von diesem Mann! Ach!

O Venus, holde Göttin mit dem süßen Lächeln, befreie mich von Orpheus, und ich will dir zehn milchweiße Lämmer opfern.

Orpheus. O Zeus, gewaltiger Donnergott mit der weltbeherrschenden Augenwimper, befreie mich von Eurydice, und ich will die schönsten Hymnen zu deinem Lobe singen. – Weib, dein Herz ist größer als dein Verstand und dein Gewissen weiter als dein Herz.

Eurydice. Nun, was folgt daraus?

Orpheus. Daraus folgt, meine süße Ehehälfte, daß ich mich keinen Illusionen hingebe. Meine Stirne ist bestimmt, einen Lorbeerkranz zu tragen, aber nicht den Schmuck, den dein Leichtsinn mir aufsetzen will.

Eurydice. Ist es dann nicht das beste, sich zu trennen?

Orpheus. Schon der bloße Gedanke an eine solche Trennung erfüllt mich mit unaussprechlichem Entzücken; allein –

Eurydice. Dieses „allein" drückt einen Dolch in mein Herz.

Orpheus. Allein, ich muß die Öffentliche Meinung schonen. Ich komme in sehr anständige Familienhäuser, wo man einen andern Begriff von der Ehe hat als wir. Man schätzt dort die Eheleute nicht, die in getrennter Verbindung leben.

Eurydice. Lächerlich!

Orpheus. Das mag sein; aber ich darf meine Zukunft nicht kompromittieren.

Eurydice. Alle schlechten Musikanten sprechen von der Zukunft. O, wie zuwider sind mir diese Zukunftsmusikanten!

Orpheus. Weil du keine Ahnung von der Zukunftsmusik hast.

Eurydice. Die Zukunftsmusik ist eine Musik, von der die Gegenwart mit Recht behauptet, daß sie keine Vergangenheit haben wird.

Orpheus. Sehr geistreich! – Doch genug der Worte! Ich habe mir fest vorgenommen, diesem Liebeshandel ein Ende und jedem deiner Anbeter den Garaus zu machen.

Eurydice. Mit deinem Fiedelbogen?

Orpheus. Das wird sich finden! – Immerhin mag er sich hüten, künftig in diesem Getreidefeld herumzuschleichen.

Eurydice. Und wer wird ihn daran hindern?

Orpheus. Ein gewisses Etwas, das ich zwischen die goldenen Ähren gestreut habe.

Eurydice. Was soll das heißen?

Orpheus. Das wird sich weisen! – Ich gehe jetzt ins Konservatorium, meine Schüler mit meiner neuesten Symphonie bekanntzumachen. – Adieu, mein honigsüßes Püppchen, denk an das *gewisse Etwas* im Ährenfeld! *(Ab.)*

DRITTER AUFTRITT

Eurydice allein.

Eurydice. Was will er mit dem *gewissen Etwas* sagen? – Dieser Mensch ist in seiner Eifersucht zu allem fähig. – Aristeus nimmt immer den Weg durch dieses Getreide, wenn er mit mir plaudern will. – Hm! – Hat er meinem holden Schäfer vielleicht eine Schlinge gelegt? – Ich muß doch den Geliebten meines Herzens warnen! – Welch ein Unglück, einen Mann zum Gatten zu haben, den man nicht liebt, und zugleich einen Mann zu lieben, den man nicht zum Gatten hat! – Aber lieb ich Orpheus deshalb nicht, weil ich seine Gattin bin, und lieb ich vielleicht Aristeus deshalb, weil er nicht mein Gatte ist? – Ist die Liebe ein Hindernis in der Ehe? Ist die Ehe ein Hindernis in der Liebe? – Ach, wer vermag es, diese verwickelten Fragen zu beantworten? –

(Sie geht ab. In diesem Augenblick erscheint Aristeus auf dem Hügel im Hintergrunde.)

VIERTER AUFTRITT

Aristeus. Dann Eurydice.

Nr. 3. Hirtengesang

Aristeus.

Hört — Aristeus bin ich, der seine Lämmer weidet,
Ein Honigfabrikant, der selbst die Waben schneidet,
Ein Mensch, der keinen Wunsch und keine Freude kennt,
Als die Jupiters Huld dem Hirtenvolk vergönnt.

Seh ich Eos' goldne Rosen
Auf den Hügeln glühn;
Seh ich dort an jedem Morgen
Neu den Tag erblühn;
Seh ich meine Bienen schwärmen
Auf dem grünen Plan
Und süßen Honig saugen
Aus dem Thymian:
Dann preis ich dankbar mein Geschick
Und wünsche mir kein andres Glück.

Seh ich meine Lämmer grasen
An des Baches Rand
Und sich im Gebüsch verbergen
Bei der Sonne Brand;
Seh ich, wie die Hirtin schlummert,
Lässig hingestreckt,
Wie sie dann ihr Schäfer findet
Und mit Küssen weckt:
Dann preis ich dankbar mein Geschick
Und wünsche mir kein andres Glück!

(Vorsichtig umhergehend.) So lyrisch-fromm, so idyllisch-harmlos, so naiv-naturschwelgerisch, so rhythmisch-blühend sprech ich immer, wenn ich mich den Menschen gegenüber befinde; denn solche blumenhafte Sprache gewinnt das Vertrauen der Welt, die sich von jeher durch Phrasen und Redensarten hat bestechen lassen. Aber wüßtet ihr, welch infernalische Anschläge und Entwürfe mein Busen hegt! — Gelingt der Plan, den ich dem Orpheus suggeriert habe, so werde ich heute einen Meisterstreich ausführen. — Ach,

da kommt die blondlockige, blauäugige, warmfühlende Eurydice. Ich will tun, als ob ich nicht durch das Getreidefeld gekommen wäre. *(Er geht zurück.)*

Eurydice *(eintretend)*. Überall such ich seine teure Spur — umsonst! — Bei den Grazien, da ist er! — Aristeus, holdseliger Hirte, geh nicht weiter! Vorsicht ist die Mutter der Weisheit.

Aristeus. Was kümmert mich dieses kuriose Familienverhältnis?

Eurydice. Nimm dich in acht!

Aristeus. Warum?

Eurydice. Pst! Sprich nicht so laut!

Aristeus. Wir müssen uns aber doch verstehen. Ich komme — *(Er stellt sich, als wolle er durch das Getreide gehen.)*

Eurydice. Aristeus, holdseliger Schäfer, ich bitte, ich beschwöre dich — keinen Schritt weiter!

Aristeus. Was soll das heißen? Woher diese Besorgnis, diese Angst?

Eurydice. Mein Gatte, der Barbar, weiß alles. Er hat dir eine Falle gelegt zwischen diese goldenen Ähren, die keuschen Zeugen unserer Liebe.

Aristeus. Papperlapapp!

Eurydice. Welch süßer Naturlaut! — O laß dich warnen, holdseliger Hirte; die Schlinge liegt bereit, dich zu verderben. Ich weiß es.

Aristeus. Mein süßes Kätzchen, ich halte deine Furcht für völlig unbegründet.

Eurydice. Das weiß ich besser! Er war wütend und hat geschworen, daß — —

Aristeus. Hahaha! — Sieh, welche Furcht mir seine Schlingen einflößen. *(Er springt im Getreide auf und ab.)*

Eurydice. Aristeus, angebeteter Hirte, du rennst in deinen Tod.

Aristeus. Haha, der Tod kann mir — und wenn auch, was würde man nicht wagen, um zu dir zu gelangen?

Eurydice. Wohlan, so will ich mit dir sterben!

Nr. 3a. Melodram

Aristeus *(für sich).* Endlich!

(Sie gehen in das Getreide, um sich zu begegnen. Eurydice bleibt plötzlich stehen.)

Eurydice. O weh!

Aristeus. Was hast du?

Eurydice. Ich bin gebissen! Eine Giftschlange!

Aristeus *(für sich).* Prompte Arbeit!

Eurydice. Was soll das heißen? *(Sie sinkt in seine Arme.)*

Aristeus *(nachdem er sie auf eine Bank gelegt).* Nun wär' es so weit! — Pluto, werde wieder du selbst! *(Sein Hirtenkleid fällt ab, und er erscheint als Höllengott.)* Und jetzt wollen wir die Elemente ein wenig durcheinanderschütteln. *(Er winkt mit seinem Zweizack. Donner; finstre Nacht. Nach dem Gewitter.)* So springt meinesgleichen mit den Elementen um.

Eurydice. Mächtiger Gott! Werde ich sterben?

Aristeus. Allerdings! Mit Haut und Haar! *(Er schlägt ein gellendes Gelächter auf.)*

Eurydice. Aber ich fühle gar keinen Schmerz!

Aristeus *(leise).* Ich werde dir später erklären, warum.

Nr. 4. Couplet

Eurydice.

Der Tod will mir als Freund erscheinen,
Mit wahrer Lust begrüß ich ihn;
Ich lächle nur, anstatt zu weinen,
So komm, o Tod, und nimm mich hin!

Du machst mein Herz vor Freude beben,
Nicht fühl ich deine kalte Hand,
Es scheint, mir ward ein neues Leben,
Statt daß ich heut ein Ende fand.

Leb wohl, leb wohl! *(Sie sinkt leblos auf die Rasenbank.)*

Aristeus *(ihr den Puls greifend).* Da liegt sie! Mausetot, eine Beute für die Unterwelt! Und nun fort! Doch bevor wir gehen, wollen wir dem Herrn Gemahl noch eins versetzen!

Nr. 4a. Melodram

(Er magnetisiert Eurydice. Diese erwacht und richtet sich, wie gezwungen, empor.)

Aristeus *(gibt ihr seinen Zweizack und zeigt auf die Hütte des Orpheus).* Da ist eine Feder und alles, was du zum Schreiben brauchst!

Eurydice *(schreibt auf die Tür folgende vier Verse, die unter ihrer Hand in feurigen Buchstaben erscheinen).*

„Verlassen muß ich diese Schwelle,
Denn ich bin tot ohn' allen Zweifel,
Aristeus war der Gott der Hölle,
Und jetzt holt mich der Teufel."

(Pluto ergreift Eurydice.)

Aristeus. Die Reime sind zwar nicht bestechend, aber sie werden ihre Wirkung tun. — Und jetzt hinab zu den dunklen Gestaden!

(Beide verschwinden durch eine Versenkung.)

FÜNFTER AUFTRITT

Orpheus allein.

Orpheus *(den Hügel herabkommend, trällernd).*

Jeder Stand hat seine Plage,
Jeder Stand hat seine Not.

Aber eine größere Plage als den Musiklehrerstand gibt's nicht. — Nachdem ich ein halbes Dutzend Lektionen gegeben, hämmert's mir so toll im Kopf, als säß' ein Grobschmied darin. — Aber was zum Henker ist denn mit unserer Erde vorgegangen? Ich verlasse um drei Uhr meine Lektionen und komme bei dunkler Nacht nach Hause. Ich habe noch nicht zu Mittag gespeist, und schon ist es Zeit zum Soupieren. Auch gut! So halt ich statt zwei Mahlzeiten nur eine und freue mich der Ersparnis. *(Er ist vor seinem Hause angekommen, die Inschrift fällt ihm in die Augen.)* Beim Jupiter, was bedeutet das? Die Handschrift meiner Frau?

(Er liest.) „Verlassen muß ich diese Schwelle,
Denn ich bin tot ohn' allen Zweifel,

Aristeus war der Gott der Hölle,
Und jetzt holt mich der Teufel."

Wie! Sie ist tot? – Es ist nicht möglich! – Und doch! – Sie muß tot sein – Sie behauptet es ja selbst! Dank, o Dank dir, Wolkensammler! *(Er sieht sich voll Unruhe um.)* Ist jemand da? – Nein, keine Seele! Ich kann mich also ungestört meiner Freude überlassen! *(Sich vergnügt die Hände reibend.)* Ich danke dir, Eurydice, für die erste freudige Überraschung, die du mir bereitet hast. – Wie selig ist der Mann, der sagen kann: Meine selige Frau. Schnell zu meiner holden Nymphe, um ihr mein Wonnegefühl mitzuteilen.

(Blitz und Donner.)

SECHSTER AUFTRITT

Orpheus. Die Öffentliche Meinung, Fackel und Geißel in den Händen.

Nr. 5. Melodram und Duett

Die Öffentliche Meinung. Zurück!

Orpheus. Weh, die Öffentliche Meinung hat mich schon beim Kragen.

Die Öffentliche Meinung. Ja, die Öffentliche Meinung, die dich deiner unschicklichen Freude entreißen wird!

Orpheus. Was soll das heißen?

Die Öffentliche Meinung. Du wirst mir auf der Stelle nach dem Olymp folgen und dort zu den Füßen Jupiters von ihm die verlorene Gattin zurückerflehen.

Orpheus. Grausame, was sprichst du? – Ich soll das unbegreifliche Schicksal zu ändern suchen? Ich soll mich entwitwern? Bei einer solchen Handlungsweise wäre ich wahrhaftig nicht wert, meine Frau verloren zu haben.

Die Öffentliche Meinung. Du mußt diesen Schritt tun zur Erbauung der Nachwelt, damit diese wenigstens *einen* Gatten nenne, der seine Frau, die *unter* der Erde war, wieder *auf* der Erde sehen wollte.

Dafür versprech ich dir aber auch, daß dein unsterblicher Name in jeder Quizveranstaltung fallen wird.

Orpheus. Aber ich liebe sie ja nicht.

Die Öffentliche Meinung. O du liebe Einfalt! – Wenn du sie liebtest, braucht' ich wahrhaftig nicht erst mit Geißel und Fackel zu erscheinen, um dich zu dem obenerwähnten Schritt zu zwingen.

Orpheus. Wenn du wüßtest, wie ich sie verabscheue.

Die Öffentliche Meinung. Desto heroischer wird deine Selbstüberwindung sein. – Wäre die Tugend angenehm, bedeutete es da ein Verdienst, sie zu lieben? Also spute dich!

Orpheus. Ich will nicht.

Die Öffentliche Meinung. Du willst nicht? Du ziehst es vor, dich meiner Rache auszusetzen? – Wohlan! Die Welt soll erfahren, wer die Falle gelegt hat, durch die Eurydice den Tod fand. Die Welt soll dein Verhältnis mit der Nymphe Chloe erfahren. Was wird die Folge sein? – Alles wird mit den Fingern auf dich deuten.

Orpheus. Schrecklich!

Die Öffentliche Meinung. Du wirst deine Lektionen verlieren!

Orpheus. Noch schrecklicher!

Die Öffentliche Meinung. Du wirst aus dem Berufsverband der Musiker ausgestoßen werden.

Orpheus. Am allerschrecklichsten!

Die Öffentliche Meinung. Also komm!

Duett

Die Öffentliche Meinung.
Komm, folg der Ehre,
Sie geht ja der Liebe doch stets voran,
Ich will treu dich als Führer begleiten auf deiner Bahn,
Ja, hin und zurück auf deiner schweren Bahn.

Orpheus.
Komm! – Soll die Ehre mich leiten!
Wie wenig liegt mir daran!
Ja, gezwungen muß ich sie begleiten,
Da ich es doch nicht ändern kann.

Weh mir, ich muß gezwungen vorwärtsschreiten,
Da ich nun einmal es nicht ändern kann.

Die Öffentliche Meinung.
Die Ehre soll dich leiten,
Sie geht der Liebe doch stets voran.
(Beide gehen ab.)

Nr. 6. Entr'acte

ZWEITES BILD

Der Olymp

Wolken

ERSTER AUFTRITT

Jupiter, Juno, Mars, Minerva, Hebe usw. auf Wolken schlafend. Morpheus allein wacht und streut Mohn auf die schlafenden Götter. Später Cupido, Venus, Diana mit ihren Nymphen.

Nr. 6a. Ensemble und Chor

Chor *(schlafend).*
O Seligkeit, im Schlaf zu liegen!
Ach, würd' er uns niemals geraubt!
Denn er ist ja das einz'ge Vergnügen,
Das man im Olymp uns erlaubt!

Cupido *(hereintrippelnd).*
Cupido bin ich – alles Glück
Ergibt aus dem sich, was ich lehre.
Beim Morgenrot kehr ich zurück
Von einem Ausflug nach Cythere.
Doch, warum ich komme, weiß nur ich allein.
Da hier alles schläft, schlaf ich auch mit ein!
(Er schläft auf den Wolken ein.)

Venus *(geheimnisvoll eintretend).*
Die Venus bin ich – alles Glück
Ergibt aus dem sich, was ich lehre.

Beim Morgenrot kehr ich zurück
Von einem Ausflug nach Cythere.
Doch, warum ich komme, weiß nur ich allein.
Da hier alles schläft, schlaf ich auch mit ein.
(Sie legt sich auf die Wolken rechts und schläft ein.)
(Jagdmusik von ferne, die allmählich immer näher kommt.)

Jupiter *(aus dem Schlafe auffahrend).*
Beim Saturn! Was geht denn hier vor?
Ha, welch ein Lärm betäubt unser Ohr?
Es ist unsre Tochter Diana,
Deren Horn so lustig ertönt.
Ihr Schläfer, auf und nicht gegähnt!
(Alle erheben sich gähnend. Die Wolken verschwinden. Ansicht des Olymp.)
Daß der Schlaf endlich euch vergeht,
Kommt und begrüßt, statt bloß zu gähnen,
Die Göttin laut mit Jubeltönen,
Wie's im Reglement geschrieben steht.
(Diana tritt betrübt mit ihren Nymphen ein.)

Alle. Heil dir, Diana, keusche Göttin!
Wir freuen uns, dich wohl zu sehn!

Venus. So betrübt? – Was ist dir geschehen?

Alle. O sprich, was ist dir geschehen?

Diana. Vor Gram und Schmerz muß ich vergehn!

Couplet

Wenn ich den grünen Wald durchjage,
Tralarum, tra, la la la,
Such ich Aktäon immer dort,
Tralarum, tra, la la la,
Und finde sicher alle Tage,
Tralarum, tra, la la la,
Ihn am bestimmten stillen Ort.
Tralarum, tra, la la la,
Auch heute mit dem frühsten Tage
Tralarum, tra, la la la,
Erschien ich wieder an dem Ort,
Tralarum, tra, la la la,
Ich lausche, rufe, wein und klage,

Tralarum, tra, la la la,
Doch ach, Aktäon war nicht dort.
Tralarum, tra, la la la!

(Spricht.) Armer Aktäon! Liebenswürdiger Jüngling. Was ist aus dir geworden?

Jupiter. Was aus ihm geworden? Das will ich dir gleich sagen! Du bist dem ebenso talentvollen wie wißbegierigen jungen Menschen so menschlich begegnet, daß ich genötigt war, ihn in einen Hirsch zu verwandeln. Ich habe hierauf die leichtgläubigen Sterblichen glauben machen, besagte Verhirschung sei dein Werk!

Diana *(lebhaft).* Welche Übereilung!

Jupiter. Ich hab es getan, um wenigstens den Schein zu retten. – Ich sag euch, Kinder, die Zeiten haben sich grundlegend geändert. Wir Olympier genießen auf der Erde nicht mehr das alte Ansehen. Man beobachtet uns; man belauert unsere schwachen Seiten; man bestreitet unsere Rechte; man fängt sogar an, unsere ganze Existenz in Frage zu ziehen. Wir müssen daher auf unserer Hut sein und durch moralisches Verhalten unsere erschütterte Position zu festigen suchen.

Diana. Du gehst uns ja mit gutem Beispiel voran!

Juno *(zu Diana herabkommend).* Schon wieder neue Abenteuer?

Jupiter. Beruhige dich, weißarmige Gattin! Alles, was gegen mich gesagt wird, ist nichts als boshafte Erfindung. Zeitungs-Enten, von Journalistengehirnen ausgebrütet, um mich herabzusetzen. Doch genug davon! – Ich muß mich jetzt mit den inneren Angelegenheiten des Olymp beschäftigen. *(Er blättert in einem Bündel Papiere.)* Klagen, nichts als Klagen! – He, Mars!

Mars *(brüllend).* Hier!

Jupiter. Man verzeiht dem Militär zwar sehr viel; aber das ist zu arg, das ist empörend! Vulkan speit Feuer und Flammen und beschwert sich darüber, daß du seine Stellung als Ehemann nahezu unhaltbar gemacht hast.

Mars (*heftig*). Blitz, Bomben und Granaten! – Vulkan ist ein Lügenschmied!

Jupiter. Und die Geschichte mit dem goldenen Netz, die Homer erzählt?

Mars. Homer ist ein erbärmlicher Federfuchser – Blitz, Bomben und Granaten!

Jupiter. Keine Munitionsverschwendung! Im Grunde sind mir eure Herzensangelegenheiten sehr gleichgültig; aber ich will, daß wenigstens der Schein gerettet werde, und daher bitte ich auch in eurem eigenen Interesse, den äußeren Anstand soviel wie möglich zu wahren.

Venus. Alter Heuchler!

Jupiter. Cupido! – Wo ist der kleine Schelm?

Cupido (*mit Hebe schäkernd*). Hier!

Jupiter. Laß das Kellnermädchen in Ruh, Gassenbub! – (*Ihn beim Ohr fassend.*) Kannst du nicht stillhalten, wenn ich mit dir spreche?

Cupido. Du hast mir Flügel gegeben und wunderst dich, daß ich flatterhaft bin?

Jupiter. Ich habe dir Flügel gegeben, damit du eifrig deinen Dienst versiehst; du aber bist unzuverlässig, fahrlässig, nachlässig. Du stellst dich bald zu früh, bald zu spät ein. Man findet dich immer, wo man dich nicht sucht, und wo man dich sucht, findet man dich niemals. Nimm dich in acht, kleiner Taugenichts, oder, bei mir! es geht dir schlimm.

Cupido (*für sich*). Alter Brummbär!

Jupiter. Geh jetzt jeder an sein Geschäft. Beim Frühstück sehen wir uns wieder. Aber stellt euch pünktlich ein, damit die Ambrosia nicht kalt werde. (*Murren.*) Wer murrt da? Bin ich nicht mehr der Welterschütterer Zeus, daß man meine Reden wie in einer Deputiertenkammer durch unziemliches Gemurmel unterbricht? Bei mir! Noch herrsch ich mit meinem Donnerkeil und bin keiner Konstitution unterworfen; fürchtet diesen Donnerkeil und verduftet!

Cupido (*zu Venus*). Liebe Mama, je älter Zeus wird, desto unleidlicher gebärdet er sich.

Venus. Und desto abgeschmackter!

Diana. Dieser Olymp mit seinem ew'gen Himmelblau wird mir unausstehlich, und ich gäbe meinen schönsten Zwölfender darum, wenn es einmal regnete.

Venus. Wenn wir eine Revolution anzettelten? Was denkt ihr?

Jupiter *(vortretend).* Ein unziemliches Gewisper dringt aus der Ecke in mein Ohr. Hat man mich nicht verstanden? Verlaßt den Saal, oder bei mir! — —

(Die Götter entfernen sich murrend.)

ZWEITER AUFTRITT

Jupiter rechts, dann Juno.

Jupiter *(wird Juno gewahr).* Ei sieh, meine holde Gattin. *(Für sich.)* Welch ein Hauskreuz. *(Laut.)* Was gibt's, mein Kind?

Juno. Was es gibt? Allzu scharf macht schartig. Der Krug geht so lange zu Wasser, bis sein Henkel bricht. Man soll den Tag nicht vor dem Abend loben. Was ein Häkchen werden will, krümmt sich beizeiten. Stille Wasser sind tief. Es sind nicht alle Köche, die lange Messer tragen. Und —

Jupiter *(unterbrechend).* Willst du mich in deinen Sprichwörtern ersäufen? Was soll's?

Juno. Das Dasein, das du mir bereitest, ist —

Jupiter. Unerträglich! — Immer die alte Leier. Kannst du nicht einmal andere Saiten aufspannen?

Juno. Ist es denn für einen Gatten so schwer, seiner Gattin treu zu bleiben?

Jupiter. Das hängt von den Umständen ab. — Doch was hast du schon wieder?

Juno. Eine schöne Sterbliche ist plötzlich von der Erde verschwunden. Ein Gott, so heißt es, hat sie entführt. Die Entführte nennt sich Eurydice; der Entführer heißt — Jupiter.

Jupiter. Du quälst dich ohne Grund und wirst bald beschämt einsehen, wie ungerecht du mich beschuldigst. Eurydices Entführung ist mir bekannt, und ich habe Merkur mit der Mission ausgeschickt, die genauesten

Details einzuziehen. Ist mein Verdacht begründet, wie ich von meiner Allwissenheit erwarten darf, so wird die Rache den Entführer gewiß ereilen.

J u n o. Lügen, nichts als Lügen!

J u p i t e r. Bei mir! Ich sage die Wahrheit. – Doch ich höre Merkurs Flügelschuhe rauschen. Vernimm seinen Bericht und laß dich eines Besseren belehren.

DRITTER AUFTRITT

Vorige. Merkur.

M e r k u r. Hochdonnerer! Wolkensammler! Ägiserschütterer! Allgewaltigster!

J u p i t e r. Keine Festrede, wenn ich bitten darf. – Warum bist du so lange ausgeblieben?

M e r k u r. Ich habe mir unterwegs an dem Wipfel einer Eiche den linken Flügel verstaucht.

J u p i t e r. Die sterblichen Menschen kommen jetzt schneller fort als die unsterblichen Götter!

M e r k u r. Sie sind tätig. Sie haben Eisenbahnen, Autos, Flugzeuge! Raketenantrieb!

J u n o. Erfaßt sie denn der Schwindel nicht, wenn sie so schnell davonfliegen?

M e r k u r. Sie lieben den Schwindel. Er ist allgewaltig auf Erden.

J u p i t e r. Ich versteh dich nicht.

M e r k u r. Weil die Handelswelt dir verschlossen ist. Ich aber, der Gott des Handels und Verkehrs –

J u n o. Und der Spitzbüberei –

M e r k u r. Einerlei! Ich habe einen tieferen Blick in die irdischen Dinge getan, und ich kann, ohne die Bescheidenheit zu verletzen, dreist behaupten, daß ich von allen olympischen Göttern der einzige Gott bin, der auf Erden wirklich verehrt wird. Dein Name wird niemals erwähnt, während der meinige sich einer großen Popularität erfreut. Sogar mit dem Wirtschaftswunder, mit der Entwicklungshilfe werde ich in Verbindung gebracht.

Jupiter. Ich verstehe die Welt nicht mehr! – Doch hast du deinen Auftrag erfüllt?

Merkur. Ich komme schnurstracks aus der Unterwelt. Es geht dort lustig zu. Die abgeschiedenen Seelen sind seelenvergnügt.

Jupiter. Und Pluto?

Merkur. War nicht zu Hause.

Jupiter. Seit wann?

Merkur. Seit vierzehn Tagen.

Jupiter. Du hast ihn also nicht gesehen?

Merkur. Doch! – Er ist eine Stunde vor meiner Abreise in der Unterwelt angekommen.

Jupiter. Woher?

Merkur. Von der Erde.

Jupiter. Allein?

Merkur. Mit einer bildschönen Frau, die er ihrem Gatten entführt hat.

Jupiter. Ihr Name?

Merkur. Eurydice!

Jupiter *(zu Juno)*. Was sagst du nun?

Juno *(ihn umarmend)*. Kannst du mir verzeihen? Die Nachricht beruhigt mich.

Jupiter *(für sich)*. Nicht mich! *(Laut.)* Dieser Pluto ist ein wahrer Don Juan! – Wird er kommen?

Merkur. Auf der Stelle! – Ich hab ihm gesagt, daß du ihn erwartest. – Ich höre schon das Gerassel seiner Equipage. – Ha, da kommt er! *(Ab.)*

VIERTER AUFTRITT

Jupiter. Pluto, von drei Dämonen begleitet; diese tragen Weinflaschen und verschiedene Speisen.

Nr. 6b. Auftritt Plutos und der Furien

Pluto. Heil dem allgewaltigen Beherrscher des Olymps! Heil dem allmächtigen Kroniden! Heil –

Jupiter. Genug des Weihrauchs!

Pluto. Sohn meines Vaters, dein Wunsch ist mir Befehl! – Wie geht es deiner Frau?

Jupiter *(barsch antwortend)*. Das geht dich nichts an!

— *(Für sich.)* Man merkt bei jedem seiner Worte, sein Gewissen drückt ihn.

Pluto *(für sich).* Man sieht's ihm an, er hat was auf dem Herzen. Sollte er Lunte gerochen haben? Er behauptet zwar, daß er Schmeicheleien nicht liebe; aber ich weiß es besser. Ich will ihm in gebundener Rede huldigen, das macht immer Eindruck. *(Laut.)*

Wie herrlich ist es hier, und wie erquickend
Umwehet mich des Äthers frischer Hauch!
Mit welcher Wollust saugt mein Atem ein
Die süßen Düfte dieser Götterhalle!
Ich fühle meine Brust erweitert, die,
Vom Schwefel und vom Pech der Unterwelt
Beengt, beklommen und verrußt ist.
Hier ist es schön! Hier freuet jeder sich;
Da unten aber ist's fürchterlich —

Jupiter. Und der Mensch versuche die Götter nicht. — Bist du mit deinen hinkenden Jamben noch nicht zu Ende?

Pluto. Welch Zaubertöne klingen an mein Ohr:
Der Turteltauben sehnsuchtsvolles Girren;
Cupidos Pfeile, die vom Bogen schwirren;
Apollos Sang und der Gesang der Musen;
Das alles füllt mit Wonne mir den Busen —
Hier ist es schön! Hier freuet jeder sich;
Da unten aber ist's fürchterlich —

Jupiter. Und der Mensch versuche die Götter nicht. — Wenn du glaubst, mich mit deinen schlechten Reimen hinters Licht zu führen, so bist du auf dem Holzweg.

Pluto. Hab ich nicht die Wahrheit gesagt? Man kann euer Glück nicht genug rühmen!

Jupiter. Unser Glück? Und du? Lebst du nicht wie Gott in Frankreich?

Pluto. Frankreich ist ein Land der Sonne. — Mein Reich hat lauter *Schatten*seiten.

Jupiter. Spiele nicht mit Worten, bekenne die schlichte Wahrheit. — Was treibst du seit vierzehn Tagen?

Pluto. Was ich gewöhnlich treibe. Ich schlafe oder ich gehe am Ufer des Cocytus auf und ab, und wenn ich gerade einen frisch angekommenen interessanten Schatten kennenlerne, lasse ich mir von ihm seinen irdischen Lebenswandel erzählen.

Jupiter. Denk an deinen eigenen Lebenswandel! – Ist dir keine Hütte in der Umgegend von Theben bekannt?

Pluto. Theben? Wo liegt denn das? Ich glaub im Böotischen; doch will ich nicht darauf schwören. Ich bin auf der Oberwelt herzlich wenig bewandert.

Jupiter. Du hast deine unterweltliche Macht mißbraucht und einem Gatten seine bessere Hälfte durch den Tod entführt.

Pluto. Ich, Herr?

Jupiter. Du, Herr!

Pluto. Wer untersteht sich, meinen guten Leumund zu beflecken? Wer hat es gewagt, mich bei dir zu verleumden?

Jupiter. Ein Narr fragt mehr, als zehn gescheite Leute beantworten können! Verstelle dich nicht; ich weiß alles.

Pluto. Mich soll ein Kreuzhimmeldonnerwetter –

Jupiter. Schweige, oder, bei mir!

Pluto. Herr!

Jupiter. Ich bin nicht gewohnt, Widerspruch zu ertragen. – *(Man hört Geschrei.)* Was ist das?

Pluto. Weiß ich's? – *(Beiseite.)* Etwas ist faul im Staate Dänemark!

FÜNFTER AUFTRITT

Vorige. Alle Götter in Unordnung hereinstürzend.

Nr. 7. Chor

Die Götter. Zum Kampf, ihr Götter,
Kommt herbei!
Es ist nicht länger zu ertragen!
Schüttelt ab diese Tyrannei!

Jupiter. Eine Revolte! Das ist doch kurios!

Pluto. Eine Revolte! Eben recht!
So komm ich vom Verhöre los!

Cupido. Der Nektar kann uns nicht behagen!
Chor. Fort, fort mit ihm!
Diana. Der fade Trank!
Er macht uns krank!
Chor. Er macht uns krank!
Venus. Und die Ambrosia verdirbt den Magen!
Chor. Sie schwächt den Magen!
Pluto. Sie haben recht! Wer kann solch Zeug verdauen!
Seht her! Da ist etwas Solidres zu kauen!

(Er wirft sich auf die Speisen, welche die Dämonen tragen. Einige Götter folgen seinem Beispiel.)

Chor. Zum Kampf, ihr Götter,
Kommt herbei!
Es ist nicht länger zu ertragen!
Schüttelt ab diese Tyrannei!
Zum Kampf!
Es ist nicht länger zu ertragen,
Die fade Kost verdirbt den Magen.
Schüttelt ab diese Tyrannei!
Zum Kampfe!
Auf, schüttelt ab die Tyrannei!

Jupiter. Ein Aufstand! Man verweigert mir den Gehorsam?

Alle. Ja! Ja!

Jupiter. Wie? Ihr wollt keine Ambrosia mehr essen, keinen Nektar mehr trinken?

Diana. Nein! Keinen Nektar mehr!

Mars. Zum Henker mit der Ambrosia!

Venus. Wir werden noch zu lauter Konfekt!

Cupido. Wir haben nichts als Sirup in den Adern!

Pluto. Sie haben recht! Sie haben recht!

Jupiter. Also ein regelrechter Aufruhr! – Und ihr schämt euch nicht, eine Schreckensgestalt wie diesen hier an euere Spitze zu stellen?

Alle. Eine Schreckensgestalt?

Pluto. Bruder Olympier!

Jupiter. Schweig, Elender, der du deine Stellung mißbrauchst, sterblichen Erdenbewohnern ihre Weiber zu entführen!

Venus. O – erzähl, erzähle!
Alle. Ja, erzähle!
Pluto. Lauter Lügen! Phantasiegespinste!
Jupiter. Soll ich Namen nennen?
Pluto. Nenne! Nenne! Nenne!
Jupiter. Nun, wir werden nennen, nennen, nennen! Er hat dem Musikanten Orpheus seine Frau Eurydice geraubt!
Pluto. Schamlose Erfindung!
Venus. Immerhin, derartige Fälle sind nicht so außergewöhnlich.
Jupiter. Nicht außergewöhnlich? Und die Moral? Und die Meinungen der Sterblichen?
Pluto. Über die Moral wäre vieles zu sagen! Du hast noch ganz andere Streiche auf dem Kerbholz, Bruder Donnerer.
Juno. Da haben wir's! Was hab ich gesagt?
Jupiter. Ich sag euch –
Pluto. Du hast Dinge riskiert, daß keine rechtschaffene Familienmutter ihren Töchtern jemals erlauben wird, deine Biographie zu lesen.
Diana. Wäre ich nicht die Göttin der Keuschheit, so könnte ich Geschichten erzählen, Geschichten ...
Venus. Hielten mich nicht Familienrücksichten ab, so wollte ich meiner Zunge freien Lauf lassen.
Cupido. Und was würd' ich erst berichten können!
Alle *(vortretend)*. Wir alle! Wir alle!
Cupido. Wir haben sogar ein Lied darauf gemacht!
Jupiter. Kinder – ich muß fort! Ich muß in Salzburg regnen lassen – und habe das nötige Wasser noch nicht im Behälter. Laßt mich!
Pluto. Nein, du mußt es hören!
Alle. Ja, du mußt es hören!
Minerva. Eine gerechte Strafe!

Nr. 8. Couplet

Minerva. Um einst Alkmenen zu betören,
Bist du ihr als Mann genaht.
Bei mancher Frau – ich wollt's beschwören –
Wär' dieses Mittel nicht probat.

Hahaha!
Schaue nicht so fromm darein,
Wir kennen dich, Jupiterlein!

Chor. Hahaha!
Schaue nicht so fromm darein,
Wir kennen dich, Jupiterlein!

Diana. Da es nicht stets dir wollte glücken,
Kamst du zuweilen selbst als Tier;
Prinzeß Europa zu berücken,
Erschienst du ihr sogar als Stier.
Hahaha! usw.

Chor. Hahaha! usw.

Cupido. Zur Danae kamst du als Regen,
Zu werben dort um Minnesold;
Das Fräulein hatte nichts dagegen,
Denn jener Regen war von Gold.
Hahaha! usw.

Chor. Hahaha! usw.

Venus. Von Ledas Schönheit angezogen,
Schwammst du zu ihr als Silberschwan;
So ward das Unschuldskind betrogen
Von dir, du sauberer Galan!
Hahaha! usw.

Chor. Hahaha! usw.

Pluto. Warum soviel Metamorphosen,
So oft es zu verführen galt?
Weil dich kein Weib je wird liebkosen
In deiner wirklichen Gestalt.
Hahaha! usw.

Chor. Hahaha! usw.

Juno. Das übersteigt meine Kräfte! Ha, Verräter! Meineidiger! – *(Jupiter nähert sich, um sie zu beruhigen.)* Fort von mir! – Ich verabscheue dich! – Ich reiche die Scheidung ein! – *(Sie fällt mit einem Schrei in Plutos Arme.)*

Jupiter. Ihr gewöhnlicher Nervenanfall! Wo ist Äskulap? Er soll ihr ein paar Hoffmannsche Tropfen einflößen.

Pluto. Nimm mir doch deine Frau ab!

Jupiter. Lauter Klatschereien! Nie habe ich eine andere geliebt als meine Juno! *(Zu Pluto.)* Du bist ein Verleumder, ein Ehrabschneider, ein Lästermaul!

Pluto. Kein Wort weiter! – Aber nimm mir erst deine Frau ab!

SECHSTER AUFTRITT

Die Vorigen. Merkur.

Merkur. Herr!

Jupiter. Nun – was gibt es denn schon wieder?

Merkur. Es sind zwei Fremde da, die um Audienz bitten.

Jupiter. Ihre Namen?

Merkur. Orpheus!

(Juno erhebt sich mit Heftigkeit und bringt ihre Toilette in Ordnung.)

Pluto *(für sich).* Was! Orpheus hier? *(Laut.)* Aber so nimm mir doch deine Frau ab! Ach so! – Sie hat sich schon erholt!

Jupiter. Orpheus! Der soll Licht in die Sache bringen!

Merkur. Und ein Weib, das sich die Öffentliche Meinung nennt.

Jupiter. Die Öffentliche Meinung! – O verwünscht! Kinder, laßt jetzt unsere unsterblichen Streitigkeiten einen Augenblick ruhen.

Pluto. Weise sie ab!

Juno. Schon lange brenne ich darauf, ihre Bekanntschaft zu machen.

Die Übrigen. Laß sie kommen.

Jupiter *(zu Pluto).* Ich werde sie empfangen! Ich bin Jupiter und jedermann Gerechtigkeit schuldig! Du zitterst?

Pluto. Ich? – Ich zittere niemals! Sie mögen kommen!

Jupiter. Du gibst Befehle in meinem eigenen Hause? – Sie mögen kommen! – Und nun, ihr lieben Götter und Göttinnen, nehmt euch zusammen und laßt uns nicht olympische Wäsche vor den Augen der Sterblichen waschen! Die Öffentliche Meinung läßt sich nicht ungestraft verachten, selbst von den Unsterblichen nicht. – Holt mir meinen rotsamtenen Thron mit den vergoldeten Troddeln und meinen Donnerkeil — meinen Sonntagsdonnerkeil —, versteht ihr mich! Und bringt mir auch das lange Zepter mit dem elfenbeinernen Kuckuck darauf. — Ich will heut in meinem größten Glanz erscheinen! *(Alles läuft durcheinander. Man bringt Thron, Donnerkeil und Zepter.)* Welch Durcheinander! Es geht hier zu wie auf einem Jahrmarkt. *(Er besteigt den Thron.)* Venus, mein Kind, umgürte dich mit dem Gürtel der Grazien, lächle dein gewinnendstes Lächeln und stelle dich an meine rechte Seite. — Diana, meine Tochter, dein Kleid fängt erst nach den Schultern an, und ohne den Halbmond auf dem Kopfe würde man dich für eine Göttin der Halbwelt halten. Häng dir einen Schal um die Schultern und stelle dich zu meiner Linken. So! — Und du, Minerva, aus meinem Haupt Entsprossene, ans obere Kopfende!

Pluto. Und ich? Wo ist mein Platz?

Jupiter. Du wirst dich dort unten auf die Bank der Angeklagten setzen.

Juno. Und ich?

Jupiter. Tritt neben Mars; da wirst du noch streitbarer erscheinen. — Habt ihr alle eure Attribute?

Alle. Ja!

Jupiter. Gruppiert euch malerisch! — Seid ihr malerisch gruppiert?

Alle. Ja!

Jupiter. Wenn ihr alle malerisch gruppiert seid, kann's losgehen. — Merkur, laß die Irdischen eintreten! *(Merkur kurz ab. — Zu Cupido.)* Sitz ruhig, Bub, oder du bekommst eins mit dem Donnerkeil, daß dir Hören und Sehen vergeht!

SIEBENTER AUFTRITT

Vorige. Orpheus. Die Öffentliche Meinung. Merkur.

Nr. 9. Finale

Pluto. Sieh, er kommt, sich zu beklagen;
Der betrogne Mann steht hier!

Die Geschichte, ich muß sagen –
Sehr verdrießlich wird sie mir.

Jupiter. Er kommt her, sich zu beklagen!
Nur gezwungen steht er hier.
Er mag dreist nun alles sagen,
Schutz und Hilfe findet er bei mir.

Orpheus *(zur Öffentlichen Meinung)*.
Wider Willen muß ich klagen,
Nur gezwungen steh ich hier!
Lieber wollt' ich es ertragen,
Blieb sie ewig fern von mir.

Die Öffentliche Meinung.
Frisch voran! Du mußt es wagen!
Fasse Mut, gehorche mir!
Säumest du, dich zu beklagen,
Rächt die späte Nachwelt sich an dir.

Chor. Er ist da, was wird er sagen?
Neugier regt sich schon in mir.
Jupiter hört seine Klagen,
Denn als strenger Richter ist er hier.
Ja, er ist's! Warten wir!
Er ist da! Lauschen wir!

Die Öffentliche Meinung.
Auf, fasse Mut, gehorche mir!

Chor. Ja, er ist's!
Sehen wir!
Er ist da!
Hören wir!

Die Öffentliche Meinung.
Sonst rächt die Nachwelt sich an dir.

Soli und Chor.
Ja, warten wir und lauschen wir,
Ja, sehen wir und hören wir!
Gott Jupiter hört seine Klagen,
Denn als Richter ist er hier!

Jupiter *(zu Orpheus)*.
Was willst du hier, du Erdensohn?

Die Öffentliche Meinung *(leise zu Orpheus)*.
Beginn jetzt mit kläglichem Ton!
Als Gatte, schwer und tief beleidigt,

Fleh zerknirscht zu Jupiters Macht,
Daß er aus dem Reiche der Nacht
Dir die Gattin wieder schenke.

Orpheus. Du willst es so?

Die Öffentliche Meinung.
Fang an!

Orpheus *(nach der Arie von Gluck).*
Ach, ich habe sie verloren.

Cupido und Venus.
All sein Glück ist nun dahin!

(Orpheus spielt die folgende Stelle auf seiner Violine.)

Diana. Ach, sein Jammer tötet ihn!

Orpheus. Und der sie geraubt –

Jupiter. Nun?

Orpheus *(mit Kraft).*
Pluto ist's!

Alle *(außer Pluto).*
Pluto ist's!!

Jupiter *(mit Würde).*
Weil stets Gerechtigkeit mein Sinnen und mein Streben,
(zu Pluto)
So verurteil ich dich, sie ihm wiederzugeben!

Orpheus *(für sich).*
O weh, er gibt sie mir!

Pluto *(für sich).*
O weh, er nimmt sie mir!

Jupiter *(zu Pluto).*
Daß ich seh, ob man mir sich gehorsam wird zeigen,
Will ich selbst heute noch hinab zur Unterwelt steigen.

Alle. Ha, er steigt selbst hinab.

Diana, Cupido, Venus, Minerva und Mars *(Jupiter umringend).*
O nimm uns alle mit, sieh, wir bitten recht schön!

Venus, Diana *(ihm das Kinn streichelnd).* Ach ja, Papa!

Die fünf Soli.
O nimm uns alle mit, wir bitten dich recht schön.

Jupiter *(mit Güte).*
Wohlan, mein ganzer Hof soll heute mit mir gehn!

Juno *(spricht).* Ich bleibe!

Chor. Zeus lebe, lebe hoch!
Wie huldreich ist er heut!
Jupiter. Nun, so kommt, haltet euch gleich bereit!
Chor. Laßt uns hohen Dank ihm weihn,
Ihm, dessen Herz so mild und weich!
Er geht mit uns und nicht allein
In jenes dunkle Schattenreich.
So kommt, fort, fort. Lalalalalala.
Der Himmel wird zuletzt zur Pein,
Die Hölle wird uns Kurzweil sein.
Dank, großer Zeus, für dieses Glück!
Orpheus und Pluto.
Ich bin aufs höchste indigniert.
Das gute Recht hat triumphiert.
Leb wohl auf ewig, du mein Glück!
Die Öffentliche Meinung.
Ich bin vollkommen kontentiert,
Das gute Recht hat triumphiert.
Dank, großer Zeus, für dieses Glück!
Jupiter. Nehmt alle eure Attribute mit
Und ordnet euch in feierlichen Schritt!
(Sie bilden alle einen großen Zug und defilieren über die Bühne.)

Nr. 10. Entr'acte

ZWEITER AUFZUG

DRITTES BILD

Ein Prinz von Arkadien

Das Theater
stellt das Boudoir Plutos dar

ERSTER AUFTRITT

Eurydice.

Eurydice. Himmel, welche Höllenpein! – Ich habe mich auf der Erde oft genug gelangweilt, besonders wenn Orpheus, mein Mann, mir Gesellschaft leistete oder wenn er mir ein Stück Zukunftsmusik vorgeigte. Aber dieser Aufenthalt ist doch noch viel, viel langweiliger. Ich habe schon alle Scheiben gezählt und das kleine und das große Einmaleins fünfmal repetiert. Umsonst! Die Zeit wächst mir über den Kopf, und es gelingt mir nicht, sie totzuschlagen. Und dennoch bin ich viel lieber allein als in Gesellschaft jenes sentimentalen Einfaltspinsels, den man zu meinem Gefängniswärter gemacht hat; denn dieser Mensch ist noch langweiliger als die Langeweile. O Pluto, Pluto! Wenn das deine Liebe zu mir ist, so werd ich am Ende in der Verzweiflung meines Herzens mich an die Seite meines Gatten zurückwünschen. – Wer naht? – Schon wieder dieser unausstehliche Mensch!

ZWEITER AUFTRITT

Hans Styx. Eurydice.

Hans Styx *(zu sich selbst).* Wenn es mir nicht an Courage fehlte, so hätte ich vielleicht den Mut, ihr zu sagen, wie bezaubernd sie ist.

Eurydice. Warum kommst du? Was willst du?

Hans Styx. Gnädige Frau!

Eurydice. Nun?

Hans Styx. Mir war – die gnädige Frau haben geklingelt?

Eurydice. Nein. Ich klingelte keineswegs!

Hans Styx. Wehe mir, ich Unseliger!

Eurydice. Wozu diese Stoßseufzer?

Hans Styx. Hätten die gnädige Frau geklingelt, so würde mir das bewiesen haben, daß die gnädige Frau etwas wünschen. – *(Er seufzt sehr laut.)* Da aber die gnädige Frau nicht geklingelt haben, so ist dies ein deutlicher Beweis, daß die gnädige Frau nichts nötig haben. *(Er geht zur Tür zurück.)* Bei den Olympischen, sie ist schön, herrlich, anbetungswürdig! *(Er tritt wieder vor.)* Werden die gnädige Frau bald klingeln?

Eurydice. Weiß ich's? – Weshalb fragst du?

Hans Styx. Wenn die gnädige Frau klingelten, würde ich in größter Eile kommen. – Ach, gnädige Frau, ich bin sehr, sehr unglücklich.

Eurydice. Das bin ich auch – in deiner Gegenwart!

Hans Styx. Die warme Teilnahme, welche die gnädige Frau für mich zu empfinden scheinen, ermuntert mich, meinem Innern Luft zu machen. Es muß heraus. Mein Herz ist willig, aber mein Kopf ist schwach.

Eurydice. Was geht das mich an?

Hans Styx. Die Frau, die mich liebte, würde sehr glücklich sein – –

Eurydice. Er ist wahnsinnig! – Am Ende erzählt er mir noch gar seine Liebesgeschichten!

Hans Styx. Ich habe nur einen einzigen Fehler und will ihn lieber gleich gestehen, damit mir die gnädige Frau später keinen Vorwurf machen können. – Ich trinke immer, wenn ich Durst habe, und — ich habe immer Durst.

Eurydice. Bemitleidenswerter Mensch! — Er ist nicht wahnsinnig, er ist nur betrunken.

Hans Styx. Nun, da ich meinen innern Menschen vor der gnädigen Frau entfaltet –

Eurydice. Komm nicht näher, Unglückseliger! — Welch ein Scheusal!

Hans Styx. Nach einem so aufrichtigen Geständnis stoßen mich die gnädige Frau mit Begeisterung von sich! — Weiber! Weiber! — Aber es ist mir nicht an der Wiege gesungen worden, daß ich einst nach meinem Tode ein solches Leben führen würde. Wozu soll ich's noch länger verheimlichen? Als ich noch auf Erden wandelte, war ich Prinz von Arkadien.

Eurydice. Arkadien! Wirklich eine schöne Gegend!

Nr. 11. Couplet

Hans Styx.

Als ich einst Prinz war von Arkadien,
Lebt' ich in Reichtum, Glanz und Pracht.
Doch leider ging's damit zu Ende,
Als mich der Tod hat umgebracht.
Doch wäre dies leicht zu verschmerzen;
Nur eines geht mir gar zu nah,
Daß ich in jenen Lebensstadien,
Dich, o Vielholde, niemals sah,
Als ich noch Prinz war von Arkadien.

Wär' ich der Prinz noch von Arkadien,
Du teiltest mit mir meine Macht;
Doch bin ich leider nur ein Schatten,
Dieweil der Tod mich umgebracht.
Ein armer Schatten kann nichts spenden,
Als was ihm selber übrigblieb;
Drum wolle du ihn hoch begnadigen,
Und nimm, gefüllt mit heißer Lieb,
Das Herz des Prinzen von Arkadien.

Eurydice. Hinweg! Du duftest nach Bacchus.

Hans Styx. Gnädige Frau, ich errate, was Sie sagen

wollen, aber Sie irren sich! Sie mißdeuten die Worte, die ich vorhin in bezug auf meinen Durst habe fallen lassen. Ich trinke niemals Wein oder Schnaps, sondern Wasser, nichts als Wasser.

Eurydice. Wie?

Hans Styx. Ich trinke beständig Lethe, um meine derzeit höchst bedauernswerte Lage zu vergessen.

Eurydice. Welch ein drolliger Einfall!

Hans Styx. Gnädige Frau, das ist die beste Wasserkur. Erinnere ich mich, daß ich einst vierspännig fuhr – so nehm ich gleich einen Schluck Lethe; fällt mir ein, daß ich einst auf weichen Polstern ruhte und durch einen Wink ein Dutzend Bediente in Bewegung setzte – so trink ich einen halben Schoppen Lethe; drängt sich mir die Erinnerung an irgendein früher erlebtes Glück, an eine früher empfundene Freude auf – so trink ich Lethe, Lethe, Lethe. – Schade nur, daß dieses köstliche Getränk so schnell verdunstet und daß man so oft davon nachgießen muß, um sich das Gedächtnis zu vertreiben. – Freilich vergeß ich auch zuweilen einen Befehl meines Herrn und muß dann zur Strafe zwei Flaschen Magenbitter verschlucken; aber – *(ihr zu Füßen fallend)* eines werd ich nie vergessen, und tränk' ich auch den ganzen Lethefluß aus – das Bild nämlich der anbetungswürdigen Frau, deren Bewachung der Herr der Unterwelt mir seit achtundvierzig Stunden übertragen hat.

Eurydice. Unverschämter!

Hans Styx. Wär' ich nicht ein Domestik im Schattenreich, ich würde – *(Man hört ein Geräusch.)* O weh, mein Prinzipal! *(Er steht schnell auf.)*

Eurydice. Was bedeutet dieser Lärm?

Hans Styx. Nichts, nichts, gnädige Frau! Sie müssen hineingehen!

Eurydice. Ich will nicht.

Hans Styx. Es ist der Befehl meines Herrn. Er würde mich mit dem Ohr an die Tür nageln lassen, wenn er Sie hier fände.

Eurydice. Aber – wie lange wird denn diese Geschichte noch dauern?

Hans Styx. Später wird sich alles aufklären! Jetzt — nur hinein!

Eurydice. O Pluto! Pluto! Deine Tücke soll dir teuer zu stehen kommen!

Hans Styx. Schnell, schnell! *(Er läßt sie durch eine Tür im Hintergrund eintreten, in dem Augenblick als Pluto und Jupiter erscheinen.)* Es war höchste Zeit! *(Er bleibt vor der Tür stehen.)*

DRITTER AUFTRITT

Hans Styx. Pluto, Jupiter eintretend. Pluto und Jupiter drängen und stoßen sich, indem einer dem andern den Vortritt abgewinnen will.

Pluto *(zuerst eintretend, rechts stehend, für sich).* Sie ist nicht da! — Er hat Zeit gewonnen, sie in ihr Gemach einzusperren. Ah! Ich lebe wieder auf!

Jupiter *(mißtrauisch).* Eine sonderbare Art, die Honneurs in seinem Hause zu machen! Wer Lebensart hat, läßt die Leute eintreten und folgt ihnen nach. *(Er reibt sich die Achsel.)* Man muß aber die Höflichkeit nicht so weit treiben, daß man sich stößt und drängt. — Wo sind wir hier?

Pluto. In meinen kleinen Appartements, oder wie die Spanier sagen, in meinem buen retiro ...

Jupiter *(immer mißtrauisch für sich).* Ich bin überzeugt, sie ist irgendwo versteckt. *(Er sucht unter den Möbeln, schlägt an die Wände und drückt sein Ohr daran.)*

Pluto *(ihm auf jedem Schritte folgend).* Du suchst etwas, wie ich sehe; hast du hier etwas verloren, Bruder Olympier?

Jupiter. Ich betrachte nur die Tapeten und die Wandgemälde. — Von wem ist dieses Bild?

Pluto. Es ist ein Höllenbreughel.

Jupiter. Schön. Sehr elementar! Überhaupt finde ich es hier allerliebst — so heimlich! Ich will mir im Olymp auch ein solches Kabinett einrichten lassen. Es ist wie geschaffen *(lächelnd)* für — — nicht wahr?

Pluto *(schamhaft)*. Ich bin keiner von den leidenschaftlichen Göttern, die ihre hohe Würde durch profane Liebschaften gefährden. Ich habe in der Unterwelt ernstere Dinge zu tun, als Schäferstündchen zu feiern.

Jupiter. Jeder Zoll an dir ist ein Tartüff! *(Während er den Rücken wendet, macht Pluto dem Hans Styx Zeichen, als wolle er ihn fragen, ob Eurydice in ihrem Gemach sei.)* Was machst du da? Heimlichkeiten hinter meinem Rücken?

Pluto. Welch ungöttlicher Verdacht! Ich machte bloß –

Jupiter. Du machtest jemand Zeichen. *(Wie er sich umdreht, stößt er auf Hans Styx.)* Was ist das?

Pluto. Was? Wer?

Jupiter *(auf Hans Styx zeigend)*. Diese Stange Siegellack!

Pluto. Hans Styx, mein Faktotum – ein braver, ehrlicher Junge. Ich vertraue ihm –

Jupiter. Deine Geheimnisse an? *(Zu Hans Styx.)* Wo ist sie?

Pluto *(macht Hans Styx Zeichen zu schweigen und droht ihm)*. Wer?

Jupiter. Eurydice, bei meinem Donnerkeil!

Pluto. Wie, Eurydice? – Trotz allem, was ich dir gesagt habe, glaubst du immer noch, daß ich die Kleine entführt habe.

Jupiter. Wohl glaub ich es! Und ich werde schon dahinterkommen. *(Nachdem er lange untersucht und die Mauern befühlt hat, für sich.)* Nichts! – Doch halt! Ein Schloß, wie es scheint! Sie ist gewiß da drinnen!

Pluto. Nun?

Jupiter. Nichts! Du hast recht! *(Für sich, an der Mitteltür.)* Bei meiner Unsterblichkeit, ich, der ich so mancherlei Gestalten angenommen habe, um den Frauen zu gefallen – ich werde doch hier noch eine passende finden. In welcher Gestalt es immer sei – ich muß da hineinkommen!

Pluto. Nun komm! Laß uns zu den Göttern zurückkehren, die uns schon erwarten. Ich habe ein großes Festessen zur Feier deiner Ankunft veranstaltet. Du sollst eine Probe meiner Höllenküche kosten.

Jupiter. Gut, gut! Mein Bruder in der Unterwelt, ich schenke dir meine Achtung wieder. *(Für sich, während Pluto leise mit Hans spricht.)* Da kommt mir ein Gedanke! – Ich werde ihr meine Karte hierlassen, damit sie erfahre, daß ich hier bin *(er steckt seine Karte in das Schlüsselloch)*, und in ein paar Augenblicken durch das Schlüsselloch zurückkehren in der feinsten und verführerischsten Gestalt! – Mehr sag ich nicht!

Pluto *(zu Hans)*. Laß ihn nicht aus den Augen – er ist schlau und könnte heimlich zurückkommen. Ich gehe hinter *ihm*, du hinter *mir!* – *(Laut.)* Ich stehe zu Diensten, mein mächtiger Herr Bruder!

(Sie gehen einer hinter dem andern ab, indem sie sich drängen und stoßen.)

VIERTER AUFTRITT

Eurydice allein.

Eurydice *(mit Jupiters Karte in der Hand)*. Ich glaubte, Stimmen zu hören. – Niemand hier! Was bedeutet diese Karte mit der umgebogenen Ecke? Wer schickt sie mir? *Zeus von Donnersmark!* Sollte jemand an mich denken? – Mein Leben für den, der mich aus meinem Gefängnis befreit!

FÜNFTER AUFTRITT

Eurydice. Jupiter.

Jupiter *(in Gestalt einer großen Fliege tritt summend ein)*. Famos! – In diesem Kostüm schlüpft man überall durch. – Da ist sie! Welch holdes Wesen! – Jupiter, jetzt zeige deine Routine! *(Er flattert um Eurydice herum und berührt sie leicht an der Schulter.)*

Nr. 12. Duett

Eurydice. Ich glaubte hier etwas zu fühlen,
Als wehte ein Lüftchen mich an.
Jupiter. Nun gilt's meine Rolle zu spielen

Als listiger, zarter Galan.
Drum fang ich zu summsen an. Ss!
(Er bewegt sich um Eurydice herum und summt wie eine Fliege.)

Eurydice *(aufstehend, immer rechts).*
Ach, die hübsche Fliege!
Und sie summt so schön!

Jupiter. Ja, das führt zum Siege,
Sie scheint mein Summsen zu verstehn.

Eurydice. Die hübsche Fliege!

Jupiter. Da du ihr gefällst,
Tön, mein Liedlein, tön!

Eurydice. Ach, die hübsche Fliege,
Und sie summt so schön.
O sag, du goldgeflügelt Wesen,
Willst du hier mein Gefährte sein?
Zum Opfer hat man mich erlesen
Und deshalb schloß man hier mich ein.
Bleib, wie will ich hier dich hegen,
Zuckersaft bereit' ich dir;
Ich will dich lieben, ich will dich pflegen.
O bleibe hier, o bleibe hier!

Jupiter *(für sich).*
Soll die Liebe nicht flüchtig sein,
Läßt man nicht schnell darauf sich ein.

Eurydice *(eilt auf ihn zu).*
Bei den Flügeln faß ich sie!

Jupiter. Ei, das wäre viel zu früh!
(Er springt auf ein Möbel und entwischt ihr in dem Augenblick, wo sie ihn erhaschen will.)

Eurydice. Du garstig Tier! Es soll gelingen.

Jupiter *(für sich).*
Mein schönes Kind, ich habe Schwingen.

Eurydice. Ich muß zuletzt den Sieg erringen –

Jupiter. Allmählich nur soll dir's gelingen,
In deinen Schlingen mich zu sehn!

Eurydice. Und dich in meinen Händen sehn.
(Nimmt den Schleier ab, den sie um den Hals hat.)

Daß ich sie nur nicht verletze,
Mach ich den Schleier hier zum Netze
Und behutsam greif ich sie!

Jupiter *(auf einem Stuhl rechts).*
O freue dich nur nicht zu früh.

Eurydice *(wirft den Schleier über ihn).*
Ha! So ist's gelungen! Ha! Sie ist gefangen!

Jupiter.
Juble nur! – Du selber bist ins Netz gegangen!

Eurydice. Singe, singe.

Jupiter. Ss!

Beide. Ich habe sie! Ich habe sie! Sie ist mein!

Eurydice. Oh, ich wußte wohl, daß ich dich erhaschen würde, mein artiges, geflügeltes Schätzchen! Du magst dich sträuben, wie du willst, ich lasse dich nicht mehr los. Du sollst der Trost der armen Gefangenen sein. Aber seht doch, wie niedlich sie ist! Welch schöne Farben! – Und welche feine Taille! *(Jupiter bedankt sich.)* Und diese goldenen Flügel! – Halt! – Ich muß dich umarmen! *(Sie tut es.)*

Jupiter *(auf die Knie fallend).* Nun sieh! Dieses alles ist dein, wenn du es willst, angebetete Sterbliche!

Eurydice. Götter, die Fliege spricht! Zu Hilfe!

Jupiter. O Kind! Schreie nicht! – Ich bin ja eigentlich gar keine Fliege; ich habe die Gestalt bloß angenommen, um die Wachsamkeit eines einfältigen Tyrannen zu täuschen, der dich nur quälen will.

Eurydice. Ist es möglich? – Wer bist du denn?

Jupiter. Ich? – Die Wahrheit muß heraus! Ich bin dein Anbeter Zeus, der Kronide, der Wolkensammler, der Hochdonnerer und so weiter.

Eurydice. Also du warst es, der vorhin diese Karte –

Jupiter. Durch das Schlüsselloch gesteckt hat – ja, ich, der König der Götter – nicht mehr und nicht weniger.

Eurydice. Ach!

Jupiter. Und wenn ich dich früher gekannt hätte, so wären die Dinge ganz anders gelaufen. Pluto hätte dich nicht in die Unterwelt hinabgezogen; ich hätte dich zum Olymp emporgehoben. Du wärst nicht gesunken, du wärst gestiegen.

Eurydice. Nach dem Olymp? – O schnell! Komm, laß uns fliehen! Führe mich fort!

Jupiter. Wir haben nur ein Mittel, um keinen Verdacht zu erregen. Ich muß zu dem Diner, das Pluto mir zu Ehren veranstaltet hat. Komm unter irgendeiner Verkleidung dahin – und am Schluß, wenn die erlauchten Gottheiten fortgehen, entführe ich dich in dem Gedränge.

Eurydice. Was ein Gott verspricht, das wird er gewiß halten! – Addio, Zeus! Dein for ever! *(Links ab.)*

Jupiter *(ihr nachrufend).* In einer Stunde! Mein for ever! – Oh, was bin ich für ein glückliches Insekt!

(Hans Styx tritt im Hintergrund ein, sein Fläschchen mit Lethe in der Hand.)

SECHSTER AUFTRITT

Hans Styx. Dann Pluto.

Hans Styx *(verfolgt Jupiter mit der Gebärde eines Menschen, der eine Fliege fangen will).* Fliege! Fliege! *(Jupiter entwischt; Hans tritt schweigend gegen die Vorderbühne vor und trällert mit Gefühl):*

„Wär' ich der Prinz noch von Arkadien! . . ."

Pluto *(tritt ein).* Wo ist sie? – Die Fliege? Wo ist sie? Ach, Hans! Hast du die Fliege gesehn?

Hans Styx *(erstaunt).* Die Fliege? Welche Fliege?

Pluto. Jupiter mein' ich, den der Schelm Cupido unter der Gestalt einer Fliege erkannt hat!

Hans Styx. Jupiter? *(Trällernd.)*

„Als ich einst ein Prinz war von Arkadien . . ."

Pluto. Was hast du mit Eurydice gemacht?

Hans Styx *(setzt seinen Gesang fort).*

„Lebt' ich in Reichtum, Glanz und Pracht . . ."

Pluto. So sieh mich doch nur an, Bursche! Ach, der Unglückliche! Er hat schon wieder Lethe getrunken! Und während der Zeit hat er ihn hereingelasssen. Höre doch, Hans, mein treuer Hans! Ich bin es, Pluto, dein guter Herr! – Hundeseele! – Im Namen deiner irdischen Überreste! Wirst du dich endlich erinnern? Gib mir wenigstens den Schlüssel zum Gartengitter! – Den Schlüsssel!

Hans Styx *(immer fortträllernd).*

„Doch leider ging's damit zu Ende..."

Pluto. Laß sehen! Wenn ich in einer andern Sprache mit ihm spräche, als die er vergessen hat, vielleicht käme ihm das Gedächtnis wieder. Souviens-toi! – Ricordati! – Acuerdate! – Memento! – Remember!

Hans Styx *(mechanisch wiederholend).* Remember! *(Er trällert weiter).*

„Als mich der Tod hat umgebracht!..."

Pluto. Nichts! Nichts! Es ist um den Verstand zu verlieren!

(Man hört Eurydices Stimme hinter der Szene.)

Nr. 13. Schlußszene

Eurydice.

O säg, du goldgeflügelt Wesen,
Willst du hier mein Gefährte sein?

Pluto. Ha, diese Stimme! – Es ist Eurydice! – Sie ist also noch nicht fort! Nun schnell! He, Zerberus! Charon! Verdoppelt eure Wachsamkeit! Schließt alle Ausgänge! Und du komm, Hans! – Hans! – Der Kerl rührt sich nicht von der Stelle.

Hans Styx *(bleibt ruhig auf seinem Platz stehen und singt mit halber Stimme sein Couplet zu Ende).*

„Wär' ich der Prinz noch von Arkadien,
Du teiltest mit mir meine Macht!
Doch leider bin ich jetzt ein Schatten,
Dieweil der Tod mich umgebracht."

Pluto. Schon wieder! Das ist kein Mensch, das ist ein zweibeiniger Leierkasten! – Geh zum Henker!

(Er stampft voll Ungeduld mit dem Fuße. Eine Versenkung öffnet sich, und Hans Styx verschwindet ganz langsam, immer sein Lied fortsingend. Pluto singt mit, stößt und drängt ihn voll Wut abwärts und macht die Gebärde eines Menschen, der die Drehorgel spielt.)

Pluto und Styx.
Ein armer Schatten kann nichts spenden,
Als was ihm selber übrigblieb,
Drum wolle du ihn hoch begnadigen
Und nimm, gefüllt mit heißer Lieb,
Das Herz des Prinzen von Arkadien.

VIERTES BILD

Die Hölle

Im Hintergrunde der Styx

ERSTER AUFTRITT

Alle Götter, außer Juno. Eurydice im Kostüm einer Bacchantin.

Beim Aufziehen des Vorhanges sind alle Götter des Olymps und der Hölle um einen Tisch versammelt; sie sind mit Blumen bekränzt und trinken. – Bacchanale.

Nr. 14. Höllischer Chor

Alle. Gott Pluto lebe hoch,
Es lebe Pluto und sein Wein!
Ein Schelm nur stimmt nicht mit uns ein!
Das Göttervolk von oben
Muß dieses Weinchen loben.
Die Gläser aufgehoben!
Dank dem freundlichen Wirt!
Ja, der versteht zu leben
Und so ein Fest zu geben,
Bloß dahin geht sein Streben,
Daß man sich amüsiert.
Stoßt an! Gott Pluto lebe hoch usw.

Jupiter *(zu Eurydice).* Wohlan, reizende Bacchantin!
Die kühn sich mit der Venus messen kann;
Stimm mit deiner süßen Kehle
Die Hymne jetzt auf Bacchus an!

Alle. Singe, singe, schöne Bacchantin!
Stimme die Hymne auf Bacchus nun an!

Nr. 14a. Hymne an Bacchus

Eurydice *(die erste Strophe, das Glas in der Hand).*
Ich sah Gott Bacchus einst auf dem Weinfasse thronen,
Er gab da seinen Treuen die heiterste Lehr';
Die Nymphe und der Faun, die Bewohner der Fluren,
Sangen um ihn her.

Diana, Cupido. Sangen um ihn her.

Eurydice.
Evoe! Dein heilig Feuer, evoe, erglüht in mir!
Evoe! Dir will ich dienen! Evoe! Heil, Bacchus, dir!

Chor. Evoe! Heil, Bacchus, dir!

Eurydice.
Die Sterblichen, sprach er, laßt mit Sorgen sich quälen,
Mit düsterm Gram, der sie jeder Freude beraubt.
Ihr mögt der Rebe Saft und die Rosen erwählen,
Zu bekränzen das Haupt!

Diana, Cupido. Zu bekränzen das Haupt!

Eurydice. Evoe! Dein heilig Feuer usw.

Nr. 15. Menuett, höllischer Galopp und Chor

Jupiter. Weil mein Schritt so leicht und mein Fuß so klein und so nett,
Nun tanz ich mit euch das neuste Menuett.
(Er spricht während des Ritornells zu Eurydice.) Pluto hat dich nicht erkannt; nach dem Tanze machen wir uns aus dem Staube.

Pluto *(für sich).* Jupiter glaubt, ich habe die Bacchantin nicht erkannt. Aber ich werde sie nicht aus den Augen lassen.

(Menuett, getanzt von Pluto mit Venus und Jupiter mit Eurydice. Dann allgemeiner Galopp.)

Soli und Chor. Vater Jupiter vor uns tanzen sehn,
Ei, der Anblick ist gar zu schön!
Welch ein Hochgenuß! Seht, wie leicht er schwebt
Und wie zierlich sein Fuß sich hebt!
Diese hohe Grazie
Entzückt jedermann,
So, daß selbst Terpsichore
Ihn beneiden kann.
Vater Jupiter vor uns tanzen sehn,

Ei, der Anblick ist gar zu schön. *(Galopp.)*
Galopp endet nun den Ball,
Wie bei dem Karneval
Fast jederzeit der Fall.
Hopp! Hopp!
Es lebe der Galopp!

Eurydice *(zu Jupiter).* Und jetzt – laß uns fliehen!

Jupiter. Ja, fliehen wir! Benützen wir den letzten Atem, den uns der Tanz noch gelassen.

(Sie wenden sich nach dem Hintergrunde.)

Pluto *(stellt sich ihnen entgegen).* Wohin?

Eurydice. O weh! Gestellt! Entdeckt!

Jupiter. Was will dieser Tollkühne?

Pluto. Glaubst du, ich habe in dieser Bacchantin nicht das Weib erkannt –

Jupiter. Die du nicht entführt hast, wie du sagtest?

Pluto. Nun ja, ich habe sie einmal entführt – aber zum Henker, ich habe es schon hundertmal bereut!

Eurydice. Was muß ich hören?

Pluto. Ich sage, daß du mit mir umgingst wie mit deinem Gatten, daß du in meiner Hölle alles drunter und drüber gebracht hast.

Jupiter *(lachend, indem er Eurydice, die zu ihm tritt, ansieht).* Um so besser wird sie für den Olymp taugen!

Pluto. Lache nur! Wer zuletzt lacht, lacht am besten! Du wirst sie nicht nach dem Olymp mitnehmen!

Jupiter. Wer könnte Jupiter hindern, wenn Jupiter will?

Pluto. Du selbst, dein Wort und ihr Gatte.

Eurydice. Ach, mein Gatte – den hatte ich ganz vergessen!

Pluto. Ja, so geht's wohl zuweilen! *(Zu Jupiter.)* Und du – hast du vergessen, was du ihm versprochen? – Oh, ich werde gerächt werden! Nicht mir wirst du Eurydice zurückgeben, sondern ihm, dem Geiger der Zukunft, dem Sklaven der Öffentlichen Meinung!

Jupiter. O ich Tor! Warum gab ich auch ein solches Versprechen?

(Man hört von weitem auf der Violine spielen.)

Nr. 15a. Violinsolo

Pluto *(während der Musik).* Die Situation wird erhaben. Die schlichte Prosa tut's nicht mehr. Wir müssen wieder zu Versen greifen.
O Weib! Erkennst du wohl der fernen Geige Ton?

Eurydice. Es ist mein Mann! Dies Spiel verwünscht' ich lange schon.

Pluto.
Er stieg zu uns herab und holt dich nach der Erde —
Dies sei der Abschiedsgruß, den ich dir geben werde!

Eurydice *(flehend).*
O Jupiter!

Jupiter *(leise zu ihr).*
Sei still, ich habe meinen Plan! —
Die Sach' ist, glaub es mir, so leicht nicht abgetan!
(Eine Barke erscheint im Hintergrunde. Die Öffentliche Meinung rudert. Orpheus sitzt neben ihr, auf der Violine spielend.)
Auf eure Plätze jetzt und Haltung angenommen!
Die Barke, die ihn trägt, kommt dort schon angeschwommen!

ZWEITER AUFTRITT

Die Vorigen. Orpheus. Die Öffentliche Meinung.
Orpheus und die Öffentliche Meinung steigen ans Land.

Orpheus *(sich auf die Öffentliche Meinung stützend).*
Du hast mich überzeugt! Zwar war sie sehr vermessen;
Allein sie ist mein Weib — ich muß die Schuld vergessen!
(Zu Jupiter.) Beherrscher des Olymps! — o sieh —

Jupiter.
Erspare dir das Wort, ich kenn den Tatbestand!
Was Zeus dir zugesagt, wird Jupiter dir halten.
Du nimmst dein Weib zurück und dann — bleibt es beim alten.
Geh!

Orpheus *(mit Fassung).*
Fügen muß ich mich dem Götterspruch — wohlan!
(Er will vorwärts.)

Jupiter *(ihn durch einen Wink aufhaltend).*
Geduld! Doch füge ich noch die Bedingung an,
Die ich mir ausgedacht, nur für dein Wohl beflissen;
Allein den Grund, warum, den brauchst du nicht zu wissen!
Du sollst mit deinem Weib zum Styx die Straße gehn,
Sie hinter dir, doch darfst du niemals rückwärts sehn,
Sonst für die Ewigkeit verschwände sie vor dir.

Pluto *(wütend).* So war's nicht ausgemacht!

(Allgemeines Murren.)

Jupiter *(fürchterlich seinen Donnerkeil schüttelnd).*
Heda! Wer meutert hier?
(Das Murren verstummt. Alle verneigen sich.)
Nun fort! – Eurydice wird hinter Orpheus gehen!
Doch dreh er sich nicht um! Jetzt marsch! – Auf Wiedersehen!

Nr. 16. Finale

Die Öffentliche Meinung *(zu Orpheus, auf der Vorderbühne).*
Du darfst den Blick nicht rückwärts lenken,
Nur vorwärts schaue immerfort!
An die Erde magst du denken,
Man erwartet euch beide dort!

(Der Marsch beginnt, die Öffentliche Meinung an der Spitze. Dann folgt Orpheus, hierauf Eurydice.)

Die Götter.
Nun gebt wohl acht. Was wird geschehen?
Hat er die Kraft, sich auch nicht einmal umzusehn?

Jupiter *(verfolgt Orpheus mit den Augen, der schon nahe an der Barke ist).*
So hätt' ich mich getäuscht?
Er sollte ohne Neugier sein?

Die Öffentliche Meinung *(bereits in der Barke).* Bald ist's soweit! Der Sieg ist dein!

Jupiter. Er hat sich noch nicht umgewandt!
Na, wart! Wozu hab ich meinen Blitz in der Hand?
(Er nimmt den Blitz in die Rechte, schwingt ihn und, anstatt sich desselben zu bedienen, schleudert er ihn in die Luft und versetzt Orpheus einen kräftigen elektri-

schen Schlag, der in der Gestalt eines Funkens über die Bühne fliegt. Orpheus wendet sich rasch um, als ob er getroffen wäre.)

Alle. Ha!

Die Öffentliche Meinung.
Wehe dir! Du hast zurückgesehen!

Orpheus. Weiß selber nicht, wie mir geschehen!

(Er ist zur Öffentlichen Meinung in die Barke gestiegen. Diese setzt sich in Bewegung. Eurydice kehrt wieder auf die Bühne zurück.)

Pluto. Verloren ist sie ewig dir!
So bleibt sie dennoch mir!

Jupiter. Nicht dir, nicht mir!

Pluto. Wieso?

Jupiter. Nein, eine Bacchantin mach ich jetzt aus ihr.

Alle. Eine Bacchantin!

Pluto *(gesprochen)*. Aber – das ist doch unmöglich!

Jupiter. Wieso?

Pluto. Weil es nicht in der Mythologie steht!

Jupiter. Nun, so wird man es in der nächsten Auflage ändern! Minerva, das ist deine Sache!

Minerva *(eilt ans Telefon)*. Ich lasse der olympischen Hofbuchdruckerei sofort eine Berichtigung zugehen.

Jupiter *(zu Eurydice)*. Nun, hab ich's recht gemacht?

Eurydice. Ha! Ha!
Bacchus, da von der Erde
Ich verwiesen werde,
Will ich mich allein
Für immer deinem Dienste weihn.
Gern flieh ich den Gatten,
Willst du mir gestatten,
Deine treue Priesterin zu sein!

Alle. La, la, la, la!

(Bacchus erscheint auf einem mit Weinlaub geschmückten Throne, der von vier Faunen getragen wird. Eurydice steigt bis zu ihm hinauf auf den Armen der Götter, die sich ihm entgegendrängen.)